全国高职高专会计专业工作过程导向系列教材

财务管理学生手册

CAIWU GUANLI XUESHENG SHOUCE

主 编 孔德兰

中国财政经济出版社

图书在版编目（CIP）数据

财务管理学生手册／孔德兰主编．—北京：中国财政经济出版社，2013.5
全国高职高专会计专业工作过程导向系列教材
ISBN 978－7－5095－4375－7

Ⅰ.①财…　Ⅱ.①孔…　Ⅲ.①财务管理－高等职业教育－教材　Ⅳ.①F275

中国版本图书馆 CIP 数据核字（2013）第 059466 号

责任编辑：王艳红　　　　责任校对：胡永立
封面设计：华乐功　　　　版式设计：兰　波

中国财政经济出版社出版

URL：http：//www.cfeph.cn

E－mail：jiaoyu@cfeph.cn

社址：北京市海淀区阜成路甲 28 号　邮政编码：100142

营销中心电话：88190406　编辑部门电话：88190683

北京财经印刷厂印刷　各地新华书店经销

787×1092 毫米　16 开　11 印张　255 000 字

2013 年 4 月第 1 版　2013 年 4 月北京第 1 次印刷

定价：20.00 元

ISBN 978－7－5095－4375－7/F·3545

（图书出现印装问题，本社负责调换）

本社质量投诉电话：010－88190744

反盗版举报热线：88190492、88190446

总序

会计专业是高等职业教育领域规模较大的专业之一，全国1 280所高等职业院校中有700余所院校开设了会计类专业，会计高等职业教育空前繁荣。随着办学规模的扩大，会计专业高等职业教育也一直存在培养目标模糊、知识本位倾向严重、高职特色不鲜明、教学过程与工作过程偏离等诸多问题。知识本位倾向和学科型特征尤为明显，被人们称为本科会计的“压缩饼干”。会计专业高等职业教育越来越不能适应经济社会对高素质技能型会计人才的需求。

会计行业的蓬勃发展和高等职业教育大踏步前进呼吁高等会计职业教育进行脱胎换骨的改革。近年来，我国高等职业教育围绕“专业对接产业职业岗位，课程内容对接职业标准，教学过程对接生产经营过程，学历证书对接职业资格证书，职业教育对接终身学习”的改革目标，在教育理念、培养目标、课程体系、师资队伍、实践条件和运行机制等方面进行了深入探索和大胆尝试，取得了系列改革成果。与此同时，高等会计职业教育领域也在积极尝试案例教学、任务驱动教学、项目教学和工作过程系统化教学等系列改革并取得了一定成就，积累了一批优秀的教学改革成果。一大批优秀的双师型教师迅速成长，一部分优秀的会计教学精英脱颖而出。

为了更好地总结会计专业教学改革的经验，推动优秀教学成果进学校、进课堂、进课本，把会计专业教学改革成果转化为丰富的教学内容，充分展现高职会计专业教育的会计属性、高职特征，我社组织了国内一批优秀会计教育教学专家，组成了“全国高职高专会计专业工作过程导向系列教材”项目开发组，在已积累的会计专业改革成果的基础上，通过近两年的努力开发了这套“全国高职高专会计专业工作过程导向系列教材”。

该系列教材是一套以企业会计工作任务为基本载体，以企业会计工作过程为基本脉络，精心设计的突出教学做一体化的新体系教材。编写这套教材的基本理念是“能力本位，工学结合，校企合作，持续发展”，其基本的出发点是培养学生的职业能力，提高学生职业素养；基本路径就是工学结合、校企合作；根本目标是促进学生的可持续发展。

教材是教学内容的基本载体，是教学改革成果的综合反映，所以本套教材的设计就是要尽可能地彰显高职会计职业教育的会计职业特征和高等教育属性。我们凝炼和坚持的高等会计职业教育理念是“能力本位、持续发展、工学结合、校企合作”。“能力本位”主要体现高等职业教育的职业属性，是高等会计职业教育区别于普通会计高等教育的主要特征，高等会计职业教育坚持能力本位，讲究工作过程的系统性和完整性，而普通高等会计教育坚持学科本位，讲究知识体系的完整性；“持续发展”主要体现高等职业教育的高等属性，是高等职业教育区别于中等职业教育的重要特征，高职会计与中职会计最大的区别就在于可持续发展能力上。为此，本套教材在编写中以“职业能力”培养为根本出发点，以“典型岗位任务”为中心，整合“知识、素质、技能”等教学内容，突出能力培养过程必须的“学习情境”设计、“职业环境”描述、“实践操作”指导等要素，使学习者在学习中逐渐熟悉职业岗位任务，提高职业岗位能力。同时，教材编写充分考虑了学习者的职业发展需求和综合素质培养要求，理论教学内容在做到“必需、够用”的基础上，具有一定的职业延展性；实践教学内容在按工作步骤完成“典型工作任务”的基础上，提示学习者思考实际工作中出现的各类“实践性”问题，培养学生在基本学习前提下的创新能力和对会计职业实践操作的逻辑思维能力。“工学结合、校企合作”是高等职业教育教学的组织模式和办学途径，也是实现高等职业实践性教学特点的必由之路。为此，教材编写一方面以“工学结合”理念为指导，按照“学中做”“做中学”的教学组织特点安排教学内容，引导教师和学生通过学练结合的方式掌握知识和技能并将其转化为职业能力；另一方面，教材编写注重与会计工作实践相结合，教材所选的“典型工作任务”、“工作流程”、“操作规范”、“票证账表”等均来自于企业、税务和银行一线，具有很强的实践性和时效性。

彰显高职会计专业学生优势，必须正确定位培养目标，合理搭建课程体系和科学重组教学内容。项目组在对会计职业进行调研分析的基础上，将高职会计专业的就业岗位定位于中小企业、非营利组织及社会中介机构的出纳、会计核算、会计监督、资金管理、会计信息管理、会计工作管理、税务管理等职业岗位。以培养目标即职业岗位为逻辑起点，项目组经过多次讨论，搭建了包括“会计基础、财务会计、成本会计、政府与非营利组织会计、经济法、审计实务、管理会计、财务管理、财务报表分析、会计信息化、财经法规与会计职业道德、会计制度设计、纳税实务、会计综合实训、会计英语”等15门学习领域课程在内的专业课程体系，形成了本系列教材的编写课程科目。在此基础上，教材编写遵循工作过程导向课程开发理论，采用职业含义更加丰富的“学习情境”搭建教学单元，按照“分析职业岗位设置——确定职业岗位典型工作任务——归纳形成学习情境——细分典型工作任务——归纳形成学习子情境——子情境工作过程步骤”的逻辑线索，以各职业岗位的典型工作任务为中心科学重组理论知识与实践技能，以完成工作任务的工作过程为导向序化教学内容，形成学习领域课程的各个“学习情境”，使“知识、技能、素质”的培养与典型工作任务的完成明晰对应起来。学习情境式教学单元融合了岗位任务完成所需的“职业环境、岗位要求、典型任务、职业工具和职业资料”，立体化地描述了完成一项典型工作任务的工作过程和工作情境，再现了大量真实的会计职业的账、证、表，充分体现了高等职业教育的职业性、实践性特点。

本系列教材的编写伴随着我国职业教育改革的历程，历时近两年，是编写者心血与智慧的结晶。我们衷心地希望它的出版能够为我国高等职业教育会计专业教学改革提供一个新的思路和一个新的载体。同时，我们也深深知道本系列教材的问世仅仅是我们在职业教育改革进程中的一个新起点，今后将随着经济社会与会计行业发展不断对其修订，以为会计改革实践和会计职业教育繁荣做出应有的贡献。在此，我们真诚的希望各位老师在教材的使用过程中，及时提出意见和建议，使之不断完善提高。

中国财政经济出版社

2013 年 1 月

前言

《财务管理学生手册》是《财务管理》主体教材的配套教材，本书侧重学生的职业判断与职业技能训练环节，它根据主体教材设计的10个学习情境，首先对各学习情境的知识与技能进行回顾，然后从职业判断能力、职业技能实践能力对学生的知识、能力、素质进行测试与训练。

各学习情境正文内容包括“知识与技能回顾”、“职业判断训练”、“职业技能训练”和“参考答案与提示”四个部分。

“知识与技能回顾”指学生在使用本手册进行训练之前，先行预习的主要教学内容与工作任务，包括“内容结构”、“内容提要”、“主要公式”和“主要工作任务”。

“职业判断训练”是巩固和强化各学习情境的知识、方法与技能，并为学生进行“职业判断训练”提供必要准备，主要由客观题组成，包括“单选题”、“多选题”和“判断题”。

“职业技能训练”以学生通过“职业判断训练”对各学习情境知识要点的记忆和掌握为前提，通过对各学习情境教学内容和典型工作任务的深入分析、实际操作和实际运用，全面培养其财务管理职业岗位胜任力。主要由主观题组成，包括“计算分析题”、“综合题”和“案例分析题”。

“参考答案与提示”收录了“职业判断训练”和“职业技能训练”相关题型的“参考答案”或“分析提示”，旨在帮助学生验证其各项训练任务完成情况与完成结果的对错。

本书可作为高职高专院校财会类专业及相关专业的全国通用教材，也可供企业在职人员培训使用。

本书由《财务管理实务》国家精品课程负责人、浙江省教学名师、浙江金融职业学院孔德兰教授担任主编，负责拟定编写大纲和样章，对全书总纂和定稿。具体编写分工如下：学习情境一、二、七、九由孔德兰编写，学习情境三、四由四川财经职业学院陈娟编写，学习情境五、六由黑龙江职业技术学院刘鹏编写，学习情境八、十由浙江金融职业学院雷舰编写。

在编写过程中，我们借鉴和参考了大量国内外的相关书籍和教材，在此，谨向所有相关作者表示诚挚的感谢。虽然，我们对本书的撰写做了很多努力，但作者水平有限，书中难免存在纰漏或不当之处，敬请各位读者朋友批评指正。

编　者

2012 年 12 月

目录

学习情境一
企业财务管理认知

知识与技能回顾

一、内容结构

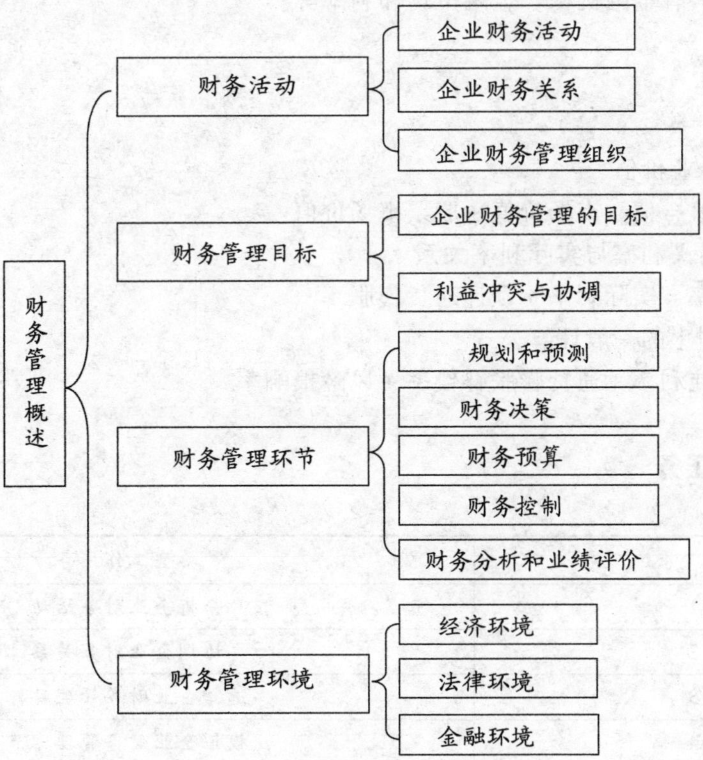

图1－1　学习情境一内容结构图

二、内容提要

财务管理是组织财务活动和处理财务关系的一项经济管理工作，财务管理的对象是企业的资本运动或者财务活动，其具体内容包括筹资、投资、资金营运管理和收益分配，与处理组织财务活动整个过程中与各方发生的经济利益关系，即财务关系，包括与投资者、债权人、税务机关、企业内部各单位和企业职工等方面的财务关系。

财务管理目标是一切财务活动的出发点和归宿。目前关于财务管理目标主要的观点有：利润最大化、股东财富最大化和企业价值最大化等。企业财务管理目标的实现必须要解决两对最重要的利益冲突：一是经营者与所有者之间的利益冲突，主要方法通过解聘、接受和激励的方式；二是股东和债权人之间的利益冲突，主要通过限制性借债和收回借款等方式。

财务管理主要包括以下五个环节：规划和预测、财务决策、财务预算、财务控制、财务分析和业绩评价。

企业的财务管理环境又称为理财环境，是指对企业财务活动产生影响作用的企业外部条件。财务管理环境涉及的范围很广，其中最重要的是经济环境、法律环境和金融环境。影响财务管理的经济环境因素主要有经济周期、经济发展水平和经济政策等。企业与外部发生经济关系时，应当遵守有关的法律规范，这些法律规范主要包括：企业组织法规、财务法规和税务法规。金融环境是企业最主要的环境因素，影响财务管理的主要金融环境因素有金融机构、金融市场和利率等。

三、主要公式

（一）企业价值

企业价值 = 债券市场价值 + 股票市场价值

（二）名义利率与实际利率关系

名义利率 = 实际利率 + 预计通货膨胀率

（三）利率的一般计算公式

利率 = 纯利率 + 通货膨胀补偿率 + 风险报酬率

四、主要工作任务

序　号	典型工作任务
1	分析企业财务活动
2	协调企业财务关系
3	选择企业财务管理目标
4	模拟企业财务管理环节
5	分析企业财务管理环境

职业判断训练

一、单选题

1. 财务关系是指企业在财务活动中所体现的与各方面的（　　）。

A. 货币结算关系　　B. 债权债务关系
C. 货币关系　　D. 经济利益关系

2. （　　）是资金运动的前提。

A. 投资活动　　B. 筹资活动
C. 利润分配活动　　D. 经营活动

3. 利润最大化目标的优点是（　　）。

A. 反映企业创造剩余产品的能力　　B. 反映企业创造利润与投入资本的关系
C. 考虑了资金时间价值　　D. 考虑了风险因素

4. 下列哪项不属于解决经营者和所有者之间矛盾的方法（　　）。

A. 解聘　　B. 监督
C. 限制性借债　　D. 激励

5. 下列能充分考虑资金时间价值和投资风险价值的理财目标是（　　）。

A. 利润最大化　　B. 资金利润率最大化
C. 每股利润最大化　　D. 企业价值最大化

6. 没有通货膨胀时，（　　）的利率可以视为纯利率。

A. 短期借款　　B. 金融债券
C. 国库券　　D. 公司债券

7. 财务管理的特点是（　　）。

A. 全面性　　B. 外部性
C. 综合性　　D. 重要性

8. 在股份制企业，尤其是上市的股份公司，企业价值最大化的目标往往演变为（　　）。

A. 每股利润最大化　　B. 利润最大化
C. 股票账面价格最大化　　D. 股票市场价格最大化

9. 没有风险和通货膨胀情况下的平均利率是（　　）。

A. 基准利率　　B. 固定利率
C. 纯利率　　D. 名义利率

10. （　　）是运用科学的技术手段和数学方法，对目标进行综合平衡，制订主要计划指标的环节。

A. 财务预测　　B. 财务决策
C. 财务预算　　D. 财务控制

二、多选题

1. 下列各项中，属于企业财务活动的有（　　）。
A. 筹资活动　　B. 投资活动
C. 资金营运活动　　D. 分配活动
E. 广告活动

2. 为协调所有者与债权人的矛盾，通常可采用的方法有（　　）。
A. 发行新债　　B. 罚款
C. 限制性借款　　D. 收回借款或不再借款
E. 将债权人的资金投资于风险更高的项目

3. 财务管理是（　　）的一项经济管理工作。
A. 组织企业财务活动　　B. 组织购销活动
C. 处理财务关系　　D. 进行人力资源管理
E. 处理财会业务

4. 企业价值最大化在运用时也存在着缺陷，表现在（　　）。
A. 追求企业的价值化，不能使企业资产保值与增值
B. 非上市企业的价值确定难度较大
C. 股票价格的变动只受企业经营因素影响
D. 股票价格的变动，除受企业经营因素影响外，还受其他企业无法控制因素影响
E. 没有考虑风险

5. 风险附加率包括（　　）。
A. 违约风险报酬率　　B. 流动性风险报酬率
C. 期限风险报酬率　　D. 通货膨胀补偿率
E. 纯利率

6. 影响企业财务的外部环境有各种因素，其中最主要的有（　　）。
A. 经济环境　　B. 商业环境
C. 法律环境　　D. 金融市场环境
E. 企业规模

7. 金融市场对企业财务活动的影响，主要表现在（　　）。
A. 金融市场是企业投资的场所
B. 企业通过金融市场实现长短期资金相互转化
C. 金融市场为企业理财提供有意义的信息
D. 企业是金融市场的主体
E. 金融市场是企业筹资的场所

8. 为了协调所有者和经营者的矛盾，经常采用的方法有（　　）。
A. 接受　　B. 激励
C. 解聘　　D. 罚款
E. 奖金

9. 财务预测环节的工作主要包括以下几个步骤（　　）。
A. 明确预测目标　　B. 搜集相关资料
C. 建立预测模型　　D. 实施财务预测
E. 确定预测结果

10. 下列各项中，属于利率的组成因素的有（　　）。
A. 纯利率　　B. 通货膨胀补偿率
C. 风险报酬率　　D. 社会累积率
E. 贷款利率

三、判断题

1. 企业财务活动的内容，也是企业财务管理的基本内容。（　　）
2. 企业与政府之间的财务关系体现为投资与受资的关系。（　　）
3. 企业组织财务活动中与有关各方所发生的经济利益关系称为财务关系，但不包括企业与职工之间的关系。（　　）
4. 纯利率是指没有风险和通货膨胀情况下的均衡点利率。（　　）
5. 企业追求利润最大化，能优化资源配置，实现企业资产保值增值的目的。（　　）
6. 解聘是一种通过市场约束经营者的办法。（　　）
7. 财务预测是财务决策的基础，财务决策又是财务预算的前提。（　　）
8. 金融市场的纯利率是指没有风险和通货膨胀情况下的平均利率。（　　）
9. 股票市价是一个能够较好地反映企业价值最大化目标实现程度的指标。（　　）
10. 以每股利润最大化作为财务管理的目标，考虑了资金的时间价值，但没有考虑投资的风险价值。（　　）

职业技能训练

一、计算分析题

1. 东方股份有限公司2012年12月31日流通在外的股份为100亿股，每股市价为8.7元，流通在外的债券市值为70亿元，其他负债的本金和应付利息之和为5.4亿元，东方公司2012年12月31日的价值是多少？

2. 实际利率为5%，当前通货膨胀率为3%，则名义利率应该是多少？

3. 某公司发行面值为1 000元的债券，期限3年，现行纯利率为4%，通货膨胀率约为3%，据测算该公司的违约风险报酬率约为1.2%，流动性风险报酬率约为0.5%，期限风险报酬率约为0.8%，你认为该公司发行该债券的票面利率应为多少？

二、综合题

1. 许涛是某高校财务管理专业的应届毕业生，他按照学校的要求到他叔叔的公司进行毕业顶岗实习。许涛的叔叔拥有一家大型的汽车零配件生产企业——浙江万象汽车零配件有限公司。该公司的发展规模在最近几年迅速扩张，而许涛的叔叔是从事技术出身的，对公司的财务管理不太了解，因此对许涛到万象公司实习寄予很高期望，他希望许涛能够充分利用学校所学的专业知识，帮助公司解决目前存在的财务问题。

许涛决定不辜负叔叔对他的信任，帮助叔叔搞好管理。许涛深入企业一线，经过两个星期的调查和了解，发现万象公司存在以下主要问题：

(1) 公司没有财务预算和现金收支计划，资金周转困难时就向银行贷款解决，无法预计未来可能出现的现金盈亏；

(2) 公司员工工作积极性不高，普遍存在“磨洋工”现象；

(3) 公司采购行为无计划和审批程序，导致某些存货积压时间过长，而某些存货则出现缺货现象影响生产进度；

(4) 产品质量控制不严格，部分工序没有质量检验程序；

(5) 产品销售价格不均衡，存在不同客户不同价格的现象；

(6) 公司所得税款缴纳不及时，时常要支付滞纳金。

要求：

(1) 请分析上述问题中，哪些属于财务管理问题？

(2) 如果你是许涛，应该从哪些方面解决上述存在的问题？

2. 经济附加值（Economic Value Added）是公司营运利润与资本成本的差值。它是衡量企业在某个特定年份中盈利抵偿资本机会成本的指标。

EVA 的定义式为：EVA = 税后营运利润(NOPAT) - 用金额表示的税后资本成本；

或，EVA = 税后营运利润(NOPAT) - 用百分比表示的税后资本成本率 × 占用成本。

这里，税后营运利润 = 营运利润(含应付利息) × (1 - 税率)

由此可见，EVA 是经济利润而非传统会计利润的概念，它必须在传统会计利润上减去投入的所有资本的费用（包括债务利息和股东股本金所包含的机会成本）。在众多国际性大公司中，EVA 取代传统会计业绩评价指标，成为衡量企业经营业绩的主要标准。

请分析说明以 EVA 作为企业财务管理目标的优劣势所在？

三、案例分析题

（一）天桥商场财务管理目标

背景与情景：天桥商场是一家老字号商业企业，成立于 1953 年，20 世纪 50 年代，天桥商场是全国第一面“商业红旗”。20 世纪 80 年代初，天桥商场率先进行工资制度改革，将商业 11 级改为新 8 级。1993 年 5 月，天桥商场股票在上海证券交易所上市。1998 年 12 月 30 日，北大青鸟有限责任公司和北京天桥百货股份有限公司发布公告，宣布北大青鸟通过协议受让方式获得北京天桥百货部分法人股股权。北大青鸟出资 6 000多万元，拥有了天桥商场 16.76% 的股份，北京天桥百货股份有限公司更名为“北京天桥北大青鸟科技股份有限公司（简称“天桥北大青鸟公司”）。此后天桥商场的经营滑落到盈亏临界点，面对严峻的形势，公司决定裁员，以谋求长远发展。于是就有了下面一幕。

1999 年 11 月 18 日下午，北京天桥商场里面闹哄哄的，商场大门也挂上了“停止营业”的牌子。11 月 19 日，很多顾客惊讶地发现，天桥商场在大周末居然没开门。据一位售货员模样的人说：“商场管理层年底要和我们终止合同，我们就不给他们干活了。”员工们不仅不让商场开门营业，还把商场变成了群情激愤的场所。1999 年 11 月 18 日至 12 月 2 日，对北京天桥北大青鸟科技股份有限公司管理层和广大员工来说，是黑色的 15 天！在这 15 天里，天桥商场经历了 46 年来第一次大规模裁员；天桥商场被迫停业 8 天之久，公司管理层经受了职业道德与人道主义的考验，作出了在改革的道路上是前进还是后退的抉择。

经过有关部门的努力，对面临失业职工的安抚有了最为实际举措，公司董事会开会决定，给予终止合同职工适当的经济补偿，同意参照解除劳动合同的相关规定，对 283 名终止劳动合同的职工给予人均 1 万元、共计 300 万元左右的一次性经济补偿。这场风波总算平息。

问题：

1. 天桥商场的财务管理目标为什么发生了变化？发生了怎样的变化？

2. 天桥商场最初的决策是否合理？随后的让步是否合适？如果你是公司的高级管理人员，会采取什么措施？

（二）吉林亚泰集团股权激励方案

背景与情景：吉林亚泰集团（600881）（简称“亚泰集团”）自 1995 年上市之后，主业由房地产单一业务拓展到证券、水泥、化工、有线电视、医药等多个领域。随着公司主营业务向医药行业转移，吸引和留住技术人才变得十分紧迫，靠传统的工资加奖金方式吸引和留住人才已无优势。在这种情况下许多公司萌生了股票期权的想法，吉林省和长春市地方政府也在国有独资、国有控股企业中进行认股权激励的试点，亚泰集团被列为试点单位，地方政府推动了亚泰集团实施认股权激励方案的出台。亚泰集团的第一大股东长春市国资局和第二大股东辽河市国资局，参与了亚泰集团国有股权方案的制定。

1999 年亚泰集团股东大会通过了《关于实施认股权方案》的决议，授权董事会制定具体方案。随后，公司成立了股权管理委员会。成员中，1/3 为外部专家，2/3 为亚泰集团内部成员。委员会成员由公司董事会任命，直接受公司董事会的领导。

2001 年亚泰集团实施了认股权方案，这是一个规范的认股权方案，从开始到最后，整个过程都及时进行了公开披露，是中国资本市场上披露信息较为完整的一份股权激励方案。

问题：

1. 请分析吉林亚泰集团推出认股权激励方案的背景？

2. 你认为公司高级管理人员持股对公司财务管理目标有何影响？

参考答案与提示

职业判断训练

一、单选题

1. D　2. B　3. A　4. C　5. D　6. C　7. C　8. D　9. C　10. C

二、多选题

1. ABCD　2. CD　3. AC　4. BD　5. ABC　6. ACD　7. ABCE　8. ABC　9. ABCE　10. ABC

三、判断题

1. √　2. ×　3. ×　4. √　5. ×　6. ×　7. ×　8. √　9. √　10. ×

职业技能训练

一、计算分析题

1. 公司的股东财富价值 = 流通在外的股票市场价值 + 债券的市场价值 + 其他债务的本息和 = 100 × 8.7 + 70 + 5.4 = 945.4（亿元）

2. 名义利率 = 实际利率 + 预计通货膨胀率 = 5% + 3% = 8%

3. 利率 = 纯利率 + 通货膨胀补偿率 + 风险报酬率 = 纯利率 + 通货膨胀补偿率 + 违约风险报酬率 + 流动性风险报酬率 + 期限风险报酬率 = 4% + 3% + 1.2% + 0.5% + 0.8% = 9.5%

二、综合题

1. （1）题中第一、第三、第五和第六条都属于财务管理问题。

（2）公司应该加强财务管理工作，具体做法如下：加强财务管理的预算工作，为公司的现金收支和资金筹措及借款归还制订相对详细合理的计划；加强公司的资金营运管理，为存货作出合理的经济订货批量，降低存货积压及其成本；加强公司内部的纳税申报及其缴纳工作；处理好企业在财务管理过程中，与职工、客户、税务机关等方面的财务关系。

2. 经济附加值（EVA）即在传统会计利润的基础上减去投入的所有资本（包括债务利息和股东股本金所包含的机会成本），它是会计利润扣除了资金的机会成本或要求的最低报酬率后的余额，这个余额就是企业真正为投资者创造的利润，也反映了企业存在的意义。以经济利润作为财务管理的目标，除了具备利润作为财务管理目标的优点之外，还具有以下优点：经济附加值真正反映了股东财富的增加额；以其作为理财目标并据此对经理层进行奖励，会促使股东与经理层的利益趋于一致，使得经理为了自己的利益而努力工作，降低了由于股东与经理的利益冲突而导致的企业价值下降。

作为财务管理目标，经济附加值有如下主要缺点：经济附加值的核算相对较为困难，尤其是股东资金的机会成本；其次，在企业成长期，经济附加值往往比较小，甚至为负值，不能反映企业真正的价值；最后，经济附加值是一个绝对数，不利于不同规模企业的比较。

三、案例分析题

（一）分析提示

1. 在风波开始的初期，天桥商场追求的是利润与股东财富的最大化；而风波是在“企业价值最大化”这一目标的指导下才得以平息的。

这次事件的起因是天桥商场的经营不佳，利润滑落到了盈亏临界点，并从此疲态不改。面对严峻的经营形势，公司董事会下决心实行减员增效。公司董事会秘书、来自北大青鸟的侯琦博士在对员工解释时，阐明了裁员决定的合法性。他强调在市场经济条件下，企业控制成本、减员增效、追求利润最大化，是十分正常的事情，是符合市场规则的。也就是说，裁员风波是基于企业利润最大化的目标而开始的。当然，在正常情况下，利润的增加，可以带来股东财富的增加。

但是，当员工们的抵触情绪如此之强，事情已经发展到管理者们难于控制局面的时候，企业的发展就已经处在一个的非常阶段，此时就不能再以利润最大化来衡量企业的行为，而必须考虑出现这种特殊情况后企业的应对措施。如果一味追求利润最大化——在这里就是对员工提出的意见坚决不予理睬——谁都无法预料会出现什么后果。

此时，为了企业的长远利益，首要的任务就是平息这场风波，安抚职工的情绪。所以，适当的利润上的牺牲是必要的，这样才会换来企业更长远的发展。别的不说，单是员工们静坐在商场大厅而导致商场不能营业的损失就是巨大的。

所以，企业的财务管理目标要根据具体情况来确定，而且这个目标也不可能是一成不变的，对财务管理目标的适当调整是十分必要的。只有这样，企业才能在不断变化的内、外环境中处于比较有利的竞争地位。

2. 天桥北大青鸟公司最初的决策，从完全意义上的市场经济运作来看是理性的，也是符合市场规则的运作。一是公司根据需要进行员工分流，配合公司的改制进程，这是无可厚非的；二是分流杠杆应考虑到目前中国尤其是在国有企业改革的条件下人员的安置状况，考虑到各个年龄阶层的需要；三是通过法律和外部企业招工的措施，进一步弥补员工分流所带来冲击。但是，这种表面上看来颇为理性的处置方法，在实际运作中却遇到了困难，其原因，一是员工面临铁饭碗丢失和公司改制的双重冲击，公司对冲击带给员工震动的考虑极为欠缺；二是公司完全依赖法律宣传等理性操作，在安抚员工方面缺乏人性化管理，而这一点恰恰是在实际情况中需要最为重视的一部分内容；三是给予员工的相关补偿机制，未能在最初的时候完善并且明确。所以，公司最初决策是出于合理的判断，却缺少了人性化的操作，从而导致了不合理的安排。

由于员工的强烈抗议，公司管理层开始尝试与员工协商，并就某些问题采取谈判。然而，公司囿于上市公司的行政限制，未能在谈判中坚持立场，表现出软弱的姿态，带给外界的信息就是这场对员工分流的安排毫无底线，甚至缺乏通盘考虑，置员工于不顾，一石击起千层浪。让步的结果不但没有很好地安抚员工，还引起了政府的关注和介入，甚至还发生了员工伤亡。公司的让步措施是基于其安抚政策的欠妥而采取的，但是这个急于弥补的心态却造成了公司补救行为的乏力，进一步导致公司陷入了进退两难的状态。所以，公司采取让步措施是应该的，但是其采取让步措施的时间和方式却是不合适的。

作为天桥北大青鸟公司的高级管理人员，可采取的措施如下：

初期：两家公司资产重组前，管理层对基层员工乃至整体人力资源状况进行摸底，这也是对公司人力资本情况的掌握。在决定相关人员分流的时候，管理人员首先应当对小范围的员工采取座谈等形式，了解员工的思想状态，结合员工的实际困难，充分制定全面的安置措施，并配备相关应急方案。

事后：在公布公司政策之后，管理人员基于法律宣传和招工措施等步骤，可以采用更多的安抚措施。需要传达给员工的信息必须是，公司并非一股脑把员工推向社会，或者是下岗，员工下岗是一个重新就业的过程，既是救公司也是自保。

总之，市场经济需要我们按照游戏规则来做事，但是，在人与人的社会关系构成的和谐社会中，游戏规则还必须考虑到参与者的需要，公司实体必须切身体会普通员工的困难，才能避免不和谐音符的发生。在市场经济为主的前提下，公司需要用计划的手段辅助各项政策的有效实施，而这一点正是天桥北大青鸟公司所缺乏的。

（二）分析提示

1. 财务管理目标是在特定的理财环境中，通过组织财务活动、处理财务关系所要达到的目的。财务管理目标是一切财务活动的出发点和归宿。将企业价值最大化目标作为企业财务管理目标的首要任务就是要协调相关利益群体之间的关系，化解他们之间的利益冲突。因此，亚泰集团推出认股权激励方案的目的在于解决企业财务管理目标实现过程中股东与管理层之间的利益冲突。亚泰集团在推出这一方案时，还具有以下背景：公司本身的发展和业务处于扩张时期，急需大量的专业人才；这一方案得到了政府相关部门和大股东的支持。

2. 企业价值最大化直接反映了企业所有者的利益，与企业经营者没有直接的利益关系。对所有者来讲，他所放弃的利益也就是经营者所得的利益。在西方，这种被放弃的利益也称为所有者支付给经营者的享受成本。但问题的关键不是享受成本的多少，而是企业在增加享受成本的同时，是否更多地提高了企业的价值。因而，经营者和所有者的主要矛盾就是，经营者希望在提高企业价值和股东财富的同时，能更多地增加享受成本；而所有者和股东则希望以较小的享受成本支出带来更高的企业价值或股东财富。亚泰集团推行的认股权激励方案实际上是一种“股票期权”激励方式，即将经营者的报酬与其绩效挂钩，以使经营者自觉采取能满足企业价值最大化的措施。它是允许经营者以固定的价格购买一定数量的公司股票，股票的价格越高于固定价格，经营者所得到的报酬就越多。经营者为了获取更大的股票涨价益处，就必然主动采取能够提高股价的行为。

学习情境二
时间价值与风险价值分析

知识与技能回顾

一、内容结构

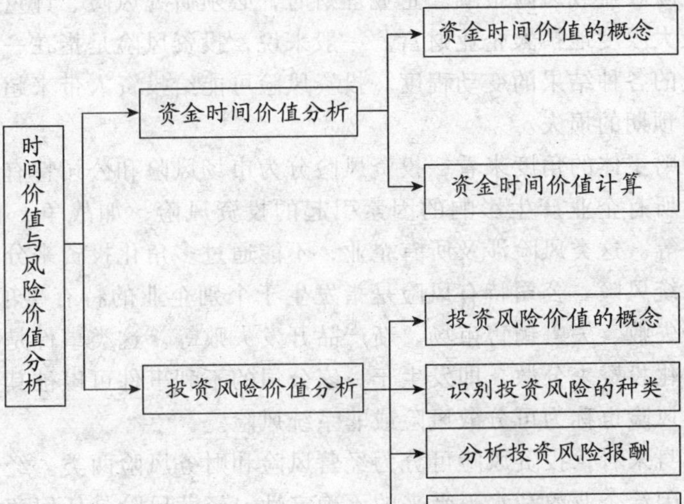

图 2-1　学习情境二内容结构图

二、内容提要

资金的时间价值，也称为货币的时间价值，是指货币经历一定时间的投资和再投资所增加的价值，它表现为同一数量的货币在不同的时点上具有不同的价值。通常情况下，货币的时间价值相当于在没有风险和没有通货膨胀条件下的社会平均资金利润率，这是利润平均化规律作用的结果。资金时间价值的计算有单利和复利两种情况。

年金是系列收付款项的特殊形式，即指在一定时期内每隔相同的时间（如 1 年）就发生相同数额的系列收付款项。年金按其每次收付发生的时点的不同，可分为普通年金、预付年金、递延年金和永续年金等几种。

所谓普通年金，是指从第一期起，在一定时期内每期期末等额收付的系列款项，又称为后付年金。普通年金终值相当于零存整取储蓄存款的本利和，它是一定时期内每期期末等额收付款项的复利终值之和。普通年金现值是指一定时期内每期期末等额收付款项的复利现值之和。

预付年金是指从第一期起，在一定时期内每期期初等额收付的系列款项，又称即付年金或先付年金。预付年金与普通年金的区别仅表现在收付款的时间不同。

递延年金是指第一次支付发生在第二期或第二期以后的年金。它是普通年金的特殊形式，凡不是从第一期开始的年金都是递延年金。递延年金终值的计算方法和普通年金终值的计算方法相似。

永续年金是指无限期定额支付的年金。永续年金可视为普通年金的另一种特殊形式，即期限趋于无穷的普通年金。由于永续年金没有终止时间，因此永续年金没有终值，只有现值。

投资者由于冒风险进行投资而获得的超过资金时间价值的额外收益，称为投资风险价值，亦称风险收益或风险报酬。企业理财时，必须研究风险、计量风险，并设法控制风险，以求最大限度地扩大企业财富。一般来说，投资风险是指在一定条件下和一定时期内可能发生的各种结果的变动程度。投资风险可能给投资人带来超出预期的收益，也可能带来超出预期的损失。

从个别理财主体的角度来看，投资风险分为市场风险和公司特有风险两类。市场风险是指那些对所有企业产生影响的因素引起的投资风险，如战争、自然灾害、经济衰退、通货膨胀等。这类风险涉及所有企业，不能通过多角化投资来分散，因此又称不可分散风险或系统风险。公司特有风险是指发生于个别企业的特有事项造成的投资风险，如罢工、诉讼失败、失去销售市场、新产品开发失败等。这类事件是随机发生的，因而可以通过多角化投资来分散，即发生于一家公司的不利事件可以被其他公司的有利事件所抵消。这类风险也称为可分散风险或非系统风险。

从企业本身来看，投资风险可分为经营风险和财务风险两类。经营风险是指因生产经营方面的原因给企业盈利水平带来的不确定性。经营风险是任何商业活动都有的，也称为商业风险。经营风险主要来自于：市场销售、生产成本、生产技术、其他。财务风险又称筹资风险，是指由于举债而给企业财务成果带来的不确定性。

在风险反感普遍存在的情况下，诱使投资者进行风险投资的，是超过资金时间价值的那部分额外报酬，即风险报酬。风险报酬的表现形式是风险报酬率，是指投资者因冒风险进行投资而要求的、超过资金时间价值的那部分额外报酬率。如果不考虑通货膨胀因素，投资者进行风险投资所要求或期望的投资报酬率便是无风险报酬率与风险报酬率之和。

风险报酬率是风险的函数，一般有，风险报酬率 = 风险报酬斜率 × 风险程度，其中的风险程度用标准差或变异系数等计量；风险报酬斜率取决于全体投资者的风险回避态度，可以用统计方法来测定。风险控制的主要方法是多角经营和多角筹资。

风险大小可以用概率分布、期望值和离散程度等进行衡量。

将随机事件各种可能的结果按一定的规则进行排列，同时列出各结果出现的相应概率，这一完整的描述称为概率分布。

期望值是一个概率分布中的所有可能结果以各自相应的概率为权数计算的加权平均值，是加权平均的中心值。

离散程度是用以衡量风险大小的统计指标。一般说来，离散程度越大，风险越大；离散程度越小，风险越小。反映随机变量离散程度的常用指标主要包括方差、标准差、标准离差率三项指标。

三、主要公式

1. 复利终值

$$F = P \times (1+i)^n$$

2. 复利现值

$$P = F \div (1+i)^n = F \times (1+i)^{-n}$$

3. 普通年金的终值

$$F = A \times \frac{(1+i)^n - 1}{i}$$

4. 普通年金的现值

$$P = A \times \frac{1-(1+i)^{-n}}{i}$$

5. 预付年金的终值

$$F = A \times \left(\frac{(1+i)^{n+1} - 1}{i} - 1\right.$$

6. 预付年金的现值

$$P = A \times \left(\frac{1-(1+i)^{-(n-1)}}{i} + 1\right)$$

7. 递延年金的现值：

$$P = A \times (P/A,i,n-m)(P/F,i,m)$$

$$P = A \times [(P/A,i,n) - (P/A,i,m)]$$

8. 永续年金的现值：

$$P = A \times \frac{1}{i}$$

9. 期望值

$$\overline{E} = \sum^{n} X_i P_i$$

10. 方差

$$\sigma^2 = \sum_{i=1}^{n}(X_i - \overline{E})^2 \times P_i$$

11. 标准差

$$\sigma = \sqrt{\sum_{i=1}^{n}(X_i - \overline{E})^2 \times P_i}$$

12. 标准离差率

$$q = \frac{\sigma}{\overline{E}}$$

四、主要工作任务

序　号	主要工作任务
1	计算与分析单利的终值和现值
2	计算与分析复利的终值和现值
3	计算与分析年金的终值和现值
4	分析投资风险的类型与特点
5	计算与分析投资风险的大小

职业判断训练

一、单选题

1. 资金时间价值是（　　）。
   A. 货币经过投资后所增加的价值
   B. 没有通货膨胀情况下的社会平均资金利润率
   C. 没有通货膨胀和风险条件下的社会平均资金利润率
   D. 没有通货膨胀条件下的利率
2. 一定时期内每期期初等额收付的系列款项是（　　）。
   A. 即付年金　　B. 永续年金
   C. 递延年金　　D. 普通年金
3. 投资者甘愿冒风险进行投资的诱因是（　　）。
   A. 可获得投资收益　　B. 可获得时间价值回报
   C. 可获得风险报酬率　　D. 可一定程度抵御风险
4. 那些影响所有公司的因素引起的风险称为（　　）。
   A. 公司特有风险　　B. 经营风险
   C. 财务风险　　D. 市场风险

5. 企业的财务风险是指（　　）。

A. 因借款而增加风险　　B. 筹资决策带来的风险

C. 因销售变化带来的风险　　D. 外部环境变化风险

6. 为在第 10 年年末获得 200 000 元，每年年末应存入多少元？可以通过（　　）求解。

A. 年金现值系数　　B. 年金终值系数

C. 复利现值系数　　D. 复利终值系数

7. 若年利率为 12%，每季度支付一次利息，则年实际利率比名义利率（按复利计息）（　　）。

A. 大　　B. 小

C. 相等　　D. 无法确定

8. 某人退休时有现金 20 万元，准备投资一项回报比较稳定的永久性投资，希望每个季度能得到 4 000 元的收入补贴生活，则该项投资的实际年收益率为（　　）。

A. 2%　　B. 8%

C. 8.2%　　D. 10.4%

9. 甲乙两方案投资收益率的标准离差分别为 1.2 和 1，若两方案的期望投资收益率相等，则两方案投资风险大小为（　　）。

A. 甲大于乙　　B. 甲小于乙

C. 相等　　D. 无法判断

10. 一项风险资产，其投资收益率有两种可能：60% 的概率获得 15% 的投资收益率，40% 的概率获得 5% 的投资收益率，国库券的收益率为 6%，则该风险资产的风险报酬率为（　　）。

A. 11%　　B. 1%

C. 9%　　D. 5%

二、多选题

1. 影响资金时间价值的主要因素有（　　）。

A. 风险大小　　B. 通货膨胀率

C. 资金额　　D. 利率

E. 期限

2. 永续年金具有以下特点（　　）。

A. 没有终值　　B. 有终止日期

C. 每期等额收或付　　D. 没有现值

E. 没有终止日期

3. 影响投资收益率的因素主要有（　　）。

A. 市场利率　　B. 无风险投资收益率

C. 风险投资报酬率　　D. 通货膨胀率

E. 银行存款利率

4. 从个别理财主体的角度看，投资风险可分为（　　）。

A. 市场风险　　B. 公司特有风险
C. 经营风险　　D. 财务风险
E. 金融市场风险

5. 在财务管理中经常用来衡量风险大小的指标有（　　）。
A. 标准离差　　B. 边际成本
C. 风险报酬率　　D. 标准离差率
E. 期望值

6. 关于预付年金，下列说法正确的是（　　）。
A. 预付年金又称先付年金
B. 预付年金是指从第一期起，在一定时期内每期期初等额收付的系列款项
C. 预付年金终值系数是在普通年金终值系数的基础上，期数加 1、系数减 1
D. 预付年金终值系数是在普通年金终值系数的基础上，期数减 1、系数加 1
E. 预付年金现值系数是在普通年金现值系数的基础上，期数减 1、系数加 1

7. 递延年金现值是自若干期后开始每期等额收付的现值之和，其计算公式为（　　）。
A. $P = A \times [(P/A,i,m+n) - (P/A,i,m)]$
B. $P = A \times [(P/A,i,m+n) - (P/F,i,m)]$
C. $P = A \times (P/A,i,n) \times (F/P,i,m)$
D. $P = A \times (F/A,i,n) \times (P/F,i,n)$
E. $P = A \times (P/A,i,n) \times (P/F,i,m)$

8. 风险和期望投资报酬率的关系是（　　）。
A. 期望投资报酬率 = 无风险报酬率 + 风险报酬率
B. 期望投资报酬率 = 无风险报酬率 × 风险报酬率
C. 期望投资报酬率 = 无风险报酬率 + 风险程度
D. 期望投资报酬率 = 无风险报酬率 + 风险报酬斜率
E. 期望投资报酬率 = 无风险报酬率 + 风险报酬斜率 × 风险程度

9. 投资风险的衡量指标主要有（　　）。
A. 概率　　B. 期望值
C. 标准差　　D. 风险收益率
E. 标准离差率

10. 风险控制的主要方法有（　　）。
A. 多角经营　　B. 多角筹资
C. 加强成本控制　　D. 扩大市场
E. 增加新产品研发

三、判断题

1. 利率与货币时间价值率一样，一般包括三部分：纯利率、通货膨胀补偿率及风险收益率。（　　）

2. 货币时间价值所代表的是没有投资风险和通货膨胀因素的投资报酬率。（　　）

3. 风险总是和收益对等，风险越大，期望的收益率越高。（　）

4. 风险总是和收益并存，因此高风险的投资项目一定会带来高收益。（　）

5. 风险收益率的高低取决于标准离差率的大小和风险报酬率的取值。（　）

6. 递延年金终值的大小与递延期无关，所以计算方法和普通年金终值的计算相同。（　）

7. 普通年金与预付年金的区别仅在于计息时间的不同。（　）

8. 对于多个投资方案而言，无论各方案的期望值是否相同，标准离差率最大的方案一定是风险最大的方案。（　）

9. 在利率相同的情况下，第 8 年末 1 元的复利现值系数大于第 6 年末 1 元的复利现值系数。（　）

10. 方差和标准差作为绝对数，只适用于期望值相同的决策方案风险程度的比较。（　）

职业技能训练

一、计算分析题

1. 现金 1 000 元存入银行，若年利率为 7%，一年复利一次，8 年后的复利终值是多少？

2. 甲银行复利率为 8%，每季度复利一次，则其实际利率是多少？

3. 某人准备存入银行一笔钱，以便在以后的 10 年中每年年底得到 2 000 元，银行存款利率为 5%，计算该人目前应存入银行多少钱？

4. 某公司需用一台设备，买价为 15 000 元，使用寿命为 10 年。如果租入，则每年年末需支付租金 2 200 元，除此以外，其他情况相同，假设利率为 8%，试分析该公司是购买设备还是租用设备好？

5. 某公司有一项付款业务，有甲乙两种付款方式可供选择。

甲方案：现在支付 10 万元，一次性结清。

乙方案：分 3 年付款，1 年 ~ 3 年各年年初的付款额分别为 3 万元、4 万元、4 万元，假设利率为 6%。

要求：按现值计算，从甲乙两个方案中选择最优方案。

6. 张三是某高校 1990 年毕业的大学生，在校期间由于家庭贫困，受到了学校和老师的资助，目前事业有成。张三为了感谢母校和老师对自己的培养，帮助家庭贫困的学生顺利完成学业，决定在母校设立一项永久性励志奖学金，每年从基金中支付 100 000 元奖给品学兼优的贫困学生。若利率为 8%，则张三现在应该一次性投入多少来设立该项奖学金？

7. 某公司拟以 500 万元投资筹建电子管厂，根据市场预测，预计每年可获得的收益及其概率如表 2 - 1：

表 2-1 某公司预计年收益及概率

市场情况	预计年收益（万元）	概率
繁荣	120	0.2
一般	100	0.5
较差	60	0.3

要求：计算该项投资的收益期望值、标准差和标准离差率。

二、综合题

1. 王月是国际某领域的知名专家，近日接到一家上市公司的邀请函，邀请他作为公司的技术顾问，指导新产品开发。邀请函的主要内容有：（1）担任公司顾问工作5年；（2）每个月到公司指导工作两天；（3）每年顾问费15万元；（4）提供公司所在地城市住房一套，价值100万元。

王月对以上工作待遇很满意，对公司开发的新产品也很有研究，决定应聘。但他不想接受住房，因为每月工作两天，只需要住公司宾馆就可以了，这样住房没有专人照顾。于是他向公司提出，能否将住房改为住房补贴。公司研究了王月的请求，决定可以在今后5年里每年年初给王月支付22万元的房贴。

收到公司的通知后，王月又犹豫起来，因为如果接受公司住房，可以将其出售，扣除售价5%的税金和手续费，他可以获得95万元；而接受房贴，则每年年初可获得22万元。假设每年存款利率4%，则王月应该如何选择？

2. 东方股份有限公司准备投资开发新产品，现有A产品、B产品、C产品三个方案可供选择。根据市场预测，三种不同市场情况的预计年报酬率如表2-2所示。

表 2-2 三种不同市场情况的预计年报酬率

市场状况	发生概率	A产品预计年报酬率	B产品预计年报酬率	C产品预计年报酬率
繁荣	0.3	30%	40%	50%
一般	0.5	15%	15%	15%
衰退	0.2	0	-15%	-30%

请你帮助东方公司决策应该选择哪个产品？

三、案例分析题

（一）PA钟爱一生养老年金保险（分红型）示例

背景与情境：国内某著名保险公司PA保险公司推出了一款具有代表性的商业养老保险产品——分红型PA钟爱一生养老年金保险。根据该公司网站对该产品的资料，其投保示例为：30岁男性，投保“PA钟爱一生养老年金保险（分红型）”，10年交费，从30周岁年初始，每年年初缴纳保费15 940元；基本保险金额10万元，60岁的保单周年日开始领取，按年领取，第一个3年，每年年初领取10 000元养老金，第二个3年每年年初领取10 600元养老金，只要被保险人生存，可以一直领取到100周岁的保单周年日，除此之外，在88周岁年初，还可一次领取100 000元祝寿金。该产品还有一个20年的保证领取期，即在60周岁到79周岁之间，被保险人身故时可领取金额为234 200元减去已经领取的金额。换言之，保险公司保证60周岁以上的投保者最低可领取234 200元的养老金。根据上述资料，对于一个预期寿命在60周岁以上需要养老保险的投保者而言，可以得到该产品的投保示例如图2-2：

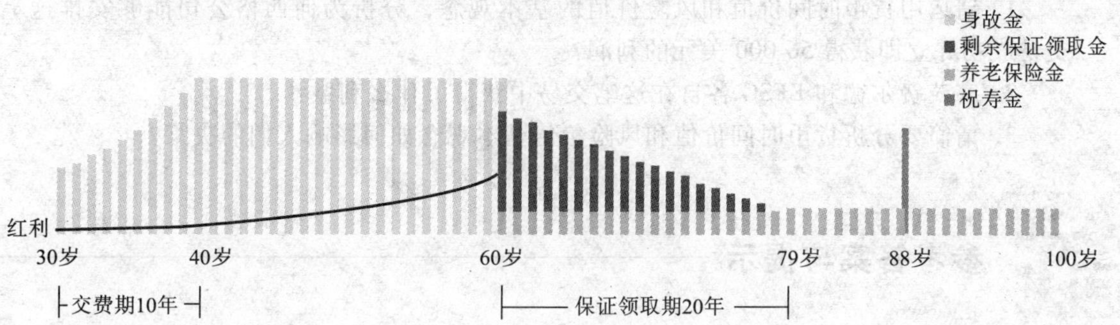

图2-2 投保示例图

分析基于以下假定：

（1）投保者与被保险人为同一人，即投保者缴纳保费是为自己养老；

（2）投保者可以连续交满10年保费；

（3）投保者可以生存至60周岁或以上；

（4）不考虑保险公司的分红。

问题：

1. 请运用资金时间价值和投资风险价值理论分析PA钟爱一生养老年金保险产品投资价值及其相对保障水平。

2. PA保险公司该商业养老保险产品有何缺点？试进行分析。

3. 如果你是该公司的决策人，试提出该产品的改进建议。

（二）未来现金流量变现示例

背景与情境：1987年，罗莎琳德·塞茨费尔德赢得了一项总价值超过130万美元的博彩大奖。这样，在以后的20年中每年她都会收到65 276.79美元的分期付款。1995年，塞茨费尔德女士接到了位于佛罗里达州西部棕榈市的西格资产理财公司的一位销售人员打来的电话，声称该公司愿意立即支付给她140 000美元以获得今后9年其博彩奖金支票的一半款项（也就是，现在的140 000美元换算以后9年中每年获得32 638.39美元的分期付款额）。

西格公司是一家奖金经纪公司，其职员的主要工作任务就是跟踪类似塞茨费尔德女士这样的博彩大奖的获得者。公司知道有许多人会急于将他们获得奖项的部分甚至全部奖金马上变现。西格公司是年营业收入高达7亿美元的奖金经纪行业中的一员，它和另一家公司伍德步里奇·斯特林公司目前占据了行业中80%的业务。类似西格公司这样的经纪公司将他们收购的这种获得未来现金流的权利再转让给一些机构投资者，诸如美国太阳公司或是约翰·汉考克共同生命保险公司。

本案例中，购买这项权利的是金融升级服务集团（EFSG），它是一家从事纽约州的市政债券的再保险公司。西格公司已经谈好将它领取塞茨费尔德一半奖金的权利以196 000美元的价格卖给了EFSG，如果塞茨费尔德答应公司的报价，公司马上就能够赚取56 000美元。最终塞茨费尔德接受了公司的报价，交易达成。[①]

问题：

1. 请运用货币时间价值和风险价值的基本观念，分析为何西格公司能够安排这笔交易成功并立即获得56 000美元的利润？

2. 塞茨费尔德和EFSG各自在这笔交易中获得了什么利益？

3. 请简要分析货币时间价值和风险价值基本观念如何影响人们的决策？

参考答案与提示

职业判断训练

一、单选题

1. C　2. A　3. C　4. D　5. A　6. B　7. A　8. A
9. A　10. D

二、多选题

1. ABDE　2. AE　3. BC　4. AB　5. ACDE　6. ABCE
7. AE　8. AE　9. ABCDE　10. AB

三、判断题

1. ×　2. ×　3. √　4. ×　5. √　6. √　7. ×　8. √
9. ×　10. √

职业技能训练

一、计算分析题

1. $F=P\times(1+i)^n=1\ 000\times(1+7\%)^8=1\ 718$（元）

2. $i=(1+8\%\div4)^4-1=8.24\%$

3. $P=2\ 000\times(P/A,5\%,10)=15\ 442$（元）

4. 租入设备的年金现值 $P=2\ 200\times(P/A,8\%,10)=14\ 762$（元）< 买价15 000元，

① 资料来源：斯蒂芬·A. 罗斯、伦道夫·W. 威斯特菲尔德、杰弗利·F. 杰富著，吴世农、沈艺峰、王志强等译：《公司理财》，机械工业出版社2005年版，第70页，已略作修改。

所以该公司租用设备较好。

5. 甲方案现值为 10 万元，

乙方案现值 $P=3+4\times(P/F,6\%,1)+4\times(P/F,6\%,2)$

$=3+4\times0.943+4\times0.890=10.332$（万元）

所以甲方案较好。

6. $P=A\times(1/i)=100\ 000\times(1/8\%)=1\ 250\ 000$（元）

7.（1）$E=120\times0.2+100\times0.5+60\times0.3=92$（万元）

（2）$6=\sqrt{[(120-92)^2\times0.2+(100-92)^2\times0.5+(60-92)^2\times0.3]}=22.27$（万元）

（3）$q=22.27\div92=24.21\%$

二、综合题

1. 王月决策主要是比较每年收到 22 万元的现值与售房 95 万元之间的大小问题。房贴是在每年年初发放，因此属于预付年金。

$P=22\times[(P/A,4\%,4)+1]=22\times(3.6299+1)=101.8578$(万元) >95 万元

所以，王月应该接受房贴。

2.（1）$E_A=0.3\times30\%+0.5\times15\%+0.2\times0=16.5\%$

$E_B=0.3\times40\%+0.5\times15\%+0.2(-15\%)=16.5\%$

$E_C=0.3\times50\%+0.5\times15\%+0.2(-30\%)=16.5\%$

（2）$6_A=10.5\%$　$6_B=19.11\%$　$6_C=27.75\%$

（3）$q_A=0.64$　$q_B=1.16q_C=1.68$

（4）开发 C 产品的风险最大，开发 B 产品的风险居中，开发 A 产品的风险最小。

三、案例分析题

（一）1. PA 钟爱一生养老年金保险产品投资价值及其相对保障水平分析。

对于投保者而言，缴纳自制养老保险保险费的现金流出量发生时间较早，而领取养老金（现金流入量）时间相对较晚，因此，选取该投保者在第 30 周岁期初作为时间起点，将保费现金流量与养老金现金流量按一个较低的预计投资报酬率折算为现值进行比较。

在计算保险费即完全养老金现值时，一个重要参数为贴现率，即投保者要求的投资报酬率，投资报酬率会影响到保险费及完全养老金价值。这里，我们暂且选取 3%。

可以得到该产品的完全养老金价值为：

$V_A=[10\ 000\times(P/A,3\%,3)\times(1+3\%)\times(P/S,3\%,30)+10\ 600\times(P/A,3\%,3)\times(1+3\%)\times(P/S,3\%,33)+\cdots+17\ 200\times(P/A,3\%,3)\times(1+3\%)\times(P/S,3\%,66)+17\ 800\times(P/A,3\%,2)\times(1+3\%)\times(P/S,3\%,69)]+100\ 000\times(P/S,3\%,57)=229\ 138.66$;①

① 其中（P/A，3%，3）是年投资报酬率为3%，3 年期的年金现值系数，其余类推；(P/S,3%,30)是年投资报酬率为3%，30 年期的复利现值系数，其余依此类推。

而投保者缴纳的保费现值

$V_{AC}=159\ 400\times(P/A,3\%,10)\times(1+3\%)=140\ 050.58$；

由此可以得到：

该产品的交易费用现值 $TR_C=V_{AC}-V_A=-89\ 088.08$；

养老金现值与保费现值比 $\rho_1=V_A/V_{AC}=0.61$；

保费现值与养老金现值比 $\rho_2=V_{AC}/V_A=1.64$。

负的交易费用现值意味着保险公司向投保者收取的保险费现值不足以支付投保者获得的养老金完全价值，换言之，保险公司对投保者进行了补贴，这一比例大概为39%（1－0.61），投保者只需支付其中的69%，或者比较投保者如果自己储蓄投资养老，按3%的年均投资收益率，则要支付实际缴纳给保险公司保费的1.64倍。

显然，不同投保者的投资机会不完全相同，投资收益率也不尽相同，为了使分析更具广泛性，我们选择不同的贴现率计算上述指标，结果如表2－3所示：

表2－3　　预期寿命100周岁的投保者购买PA钟爱一生养老年金保险的相对保障水平

项　目	2%		3%		4%	
	金额（元）	比例	金额（元）	比例	金额（元）	比例
保险费现值	146 046.05	100%	140 050.58	100%	134 459.19	100%
养老金现值	239 243.07	164%	229 138.66	164%	92 042.79	68%
交易费用现值	－93 197.02	－64%	－89 088.08	－64%	42 416.40	32%
ρ_2	61.4%		61.1%		146.1%	

注释：①养老金现值是完全养老金价值；

②养老金现值与交易费用现值比例为二者分别与相应保险费现值之比。

从表2－3可知，年均投资报酬率为2%和3%时，预期寿命为100周岁的投保者购买该商业养老保险产品其缴纳的保费现值大约相当于其从保险公司获得养老金和祝寿金价值的61%，或者保险公司对这一类投保者进行了补贴，因此，对于预期寿命100周岁，投资报酬率较低的投保者而言，该产品的确具有较高的相对养老保障水平。同样，我们看到，100周岁的投保者如果其可得投资报酬率达到4%，则其获得的完全养老金价值仅仅为其缴纳保费现值的68%，或者，其缴纳的养老保险费可以供1.46个人养老。从这个意义上讲，商业性养老保险产品的相对保障水平只有68%，投保者还不如将保费节省下来自己投资养老。

2. 对PA钟爱一生养老年金保险产品的缺点分析。

投保者是否能够获得完全养老金价值是判断该产品相对保障水平高低的一个关键因素。一般来说，对于绝大多数投保者，或者平均意义而言，投保者是无法获得该养老年金保险的完全养老金价值。同样，保险公司也无法获知每一个投保者可得的投资报酬率。

结合目前我国人均寿命与投资报酬率的现状，我们探讨该养老保险产品的相对缺陷：

(1) 以人均寿命而言，考虑到购买商业养老保险的投保者以经济发达地区居多，另外，我国人均寿命逐步增长，我们选择79岁作为平均寿命以此测算该款养老保险产品价值。

（2）从投资收益率的估算来看，目前，我国居民的投资方式和渠道相对增加，不同投资方式收益有显著差别，但是，最简单和最安全的投资方式仍然是银行存款。自2004年以来5年期存款利率最低为3.6%/年，利息所得税税率在2007年8月15日之前为20%，之后为5%，自2008年10月9日起，存款利息暂免征税。为便于计算，投保者将资金存放银行按3.6%的利率和5%的利息所得税税率计算，可得税后利息率为$3.6\% \times 5 \times (1-5\%) = 17.1\%$，换算成复利则年均投资报酬率为3.21%，换言之，投保者将钱存入银行可获得年均3.21%的复利投资报酬率；

根据该产品的条款，可以得知，投保者预期寿命在60周岁至79周岁时，保险公司将保证投保者获得总额为234 200元的给付，如果投保者在60周岁年初身故，则获得保险金为234 200元，显然，这一现值是在79周岁以内投保者可以获得的最大保险金现值。

将此金额折算成30周岁现值为：

$V_A = 234\ 200 \times (P/S, 3.21\%, 30) = 90\ 768.16$ 元，

而投保者缴纳保费的现值为：

$V_{AC} = 159\ 400 \times (P/A, 3.21\%, 10) \times (1 + 3.21\%) = 138\ 844.03$ 元；

保险金现值与保费现值之比为：

养老金现值与保费现值比 $\rho_1 = V_A / V_{AC} = 65.37\%$；

保费现值与养老金现值比 $\rho_2 = V_{AC} / V_A = 1.53$，

也就是说，投保者在交足保费后，于60周岁年初身故获得保险金现值仅仅相当于其保费现值的65.37%，大约34.63%的保险费现值构成了交易费用，投保者将保费存入银行可获得1.53倍的保险金现值，可见，该保险产品的相对保障水平较低。

同样，按投保者寿命达到79周岁时，

$V_A = 234\ 200 \times (P/S, 3.21\%, 30) = 67\ 769.20$ 元，

保险金现值与保费现值之比为：

养老金现值与保费现值比 $\rho_1 = V_A / V_{AC} = 51.02\%$；

保费现值与养老金现值比 $\rho_2 = V_{AC} / V_A = 2.05$，

因此，按照银行5年期存款利率的投资报酬率水平计算，投保者缴纳的保费现值只有不到一半，即48.98%部分是为自己提供养老金服务的，51.02%部分构成了交易费用，由此导致了投保者获得保障水平较低，购买该款商业养老保险的款项可使投保者获得2倍左右的养老金保障。简而言之，投保者缴纳保费购买PA钟爱一生养老年金保险产品获得的保障水平大约只相当于5年期银行存款水平的投资所给予的保障水平的一半。

3. 对PA钟爱一生养老年金保险产品的缺点及改进建议。

（1）PA保险公司该商业养老保险产品的缺点。

PA钟爱一生养老年金保险产品的缺点是相对保障水平较低，因为投保者在交足保费后，于60周岁年初身故获得保险金现值仅仅相当于其保费现值的65.37%，大约34.63%的保险费现值构成了交易费用；投保者寿命达到79周岁时，投保者缴纳的保费现值只有不到一半，即48.98%为自己提供养老金服务的，51.02%构成了交易费用。

（2）改进建议。

为了增加对老年生活水平的保障而提升该种商业养老保险产品的保障水平，建议修改本产品的相关条款，提高养老金的返还金额。具体为：投保“PA 钟爱一生养老年金保险（分红型）”，10 年交费，从 30 周岁年初始，每年年初缴纳保费 16 940 元；基本保险金额 20 万元，60 岁的保单周年日开始领取，按年领取。第一个 3 年，每年年初领取 12 000 元养老金；第二个 3 年起后每年年初领取 15 600 元养老金；只要被保险人生存，可以一直领取到 100 周岁的保单周年日；除此之外，在 88 周岁年初，还可一次领取120 000 元祝寿金。该产品还有一个 20 年的保证领取期，即在 60 周岁到 79 周岁之间，被保险人身故时可领取金额减去已经领取的金额。

（二）1. 货币时间价值，是指资金经历一定时间的投资和再投资所增加的价值，它表现为同一数量的货币在不同的时点上具有不同的价值。投资者由于冒风险进行投资而获得的超过资金时间价值的额外收益，称为投资风险价值。机构投资者和个人投资者在不同时期有不同的消费偏好。塞茨费尔德女士迫切需要现金，她不想等 9 年后才能全部获得她的奖金；而另一方面，EFSG 有多余的现金，乐意投资 196 000 美元以期在以后 9 年中每年获得 32 638. 39 美元。EFSG 所用贴现未来收入的贴现率为 8. 96%（也就是，这一贴现率使 196 000 美元的现值与以后 9 年每年收到 32 638. 39 美元的现值相等）；而塞茨费尔德女士所使用的贴现率为 18. 1%，这反映了她回避领取延迟现金流的倾向。因此，西格公司能够安排这笔交易成功并立即获得 56 000 美元的利润。

2. 塞茨费尔德在这笔交易中满足了提前获得现金的愿望，即一次性获得 140 000 美元，她使用 18. 1% 的贴现率使 9 年期年金 32 638. 39 的现值等于 140 000 美元。EFSG 在这笔交易中实现了以 196 000 美元的投资换得以后 9 年中每年获得 32 638. 39 美元，即实现投资收益率为 8. 96%。

3. 货币的时间价值是货币在周转使用中产生的，是货币所有者让渡货币使用权而参与社会财富分配的一种形式。货币时间价值以商品经济的高度发展和借贷关系的普遍存在为前提条件或存在基础。把货币时间价值引入财务管理，在资金筹集、运用和分配等各方面考虑这一因素，是提高财务管理水平，搞好筹资、投资、分配决策的有效保证。

投资风险是客观存在的，它广泛影响着企业的财务和经营活动，投资风险可能给投资人带来超出预期的收益，也可能带来超出预期的损失。在风险反感普遍存在的情况下，诱使投资者进行风险投资的，是超过时间价值的那部分额外报酬，即投资风险价值。投资风险价值的表现形式是风险报酬率，如果不考虑通货膨胀，投资者进行风险投资所要求或期望的投资报酬率便是无风险报酬率与风险报酬率之和。因此，企业理财时，必须研究风险、计量风险，并设法控制风险，以求最大限度地扩大企业财富。正视投资风险并将其风险程度予以量化，进行较为准确的衡量，便成为企业财务管理中的一项重要工作。

学习情境三
项　目　投　资

知识与技能回顾

一、内容结构

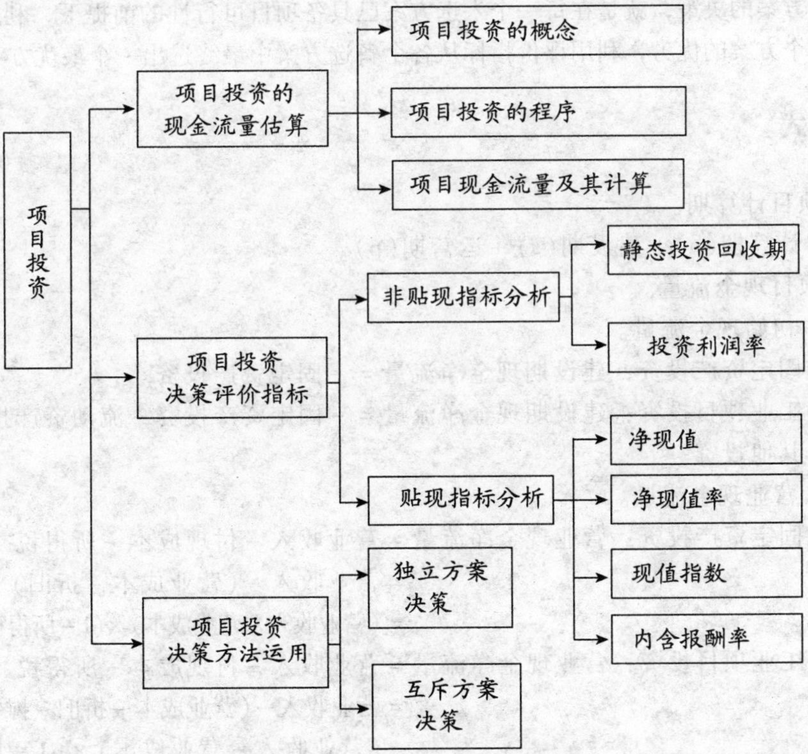

图3-1　学习情境三内容结构图

二、内容提要

项目投资是指以特定建设项目为投资对象，直接与新建项目有关的一种长期投资行为，包括以新增生产能力为目的的新建项目投资和以恢复或改善生产能力为目的的更新改造项目的投资。由于项目投资对于企业非常重要，因此，在进行投资前，需要对项目进行充分的可行性分析，财务可行性分析就是其重要的构成部分。

进行财务可行性分析的前提是对项目现金流量（NCF）进行估计，项目现金流量是指在一个投资项目引起的企业各项现金收入和现金支出增加的数量，是增量的现金流量。从流动方向上可以划分为现金流出量、现金流入量和现金净流量三种。从发生的时期上，可以划分为初始现金流量、营业现金流量和终结现金流量三个部分。

以项目现金流量为基础，需要通过一些具体的方法进行项目的分析和判断。项目投资的决策方法按照是否考虑资金时间价值可以分为非贴现指标法和贴现指标法两类。非贴现指标法包括投资利润率法、投资回收期法等。贴现指标法包括净现值法、现值指数法、净现值率法、内部报酬率法等。

在项目可行性评价中，还需要结合方案的具体特点对计算的指标作出分析，具体可以将方案分为独立方案和互斥方案。独立方案是指在决策过程中，一组互相分离、互不排斥的方案或单一的方案。对于独立方案决策，只需评价这个项目的财务可行性即可，当项目本身具有可行性时，就可以选择；互斥方案是指互相关联、互相排斥的方案，即一组方案中的各个方案彼此可以相互代替，采纳方案组中的某一方案，就会自动排斥这组方案中的其他方案。对于互斥方案的决策，就是在每一个入选方案已具备项目可行性的前提下，利用具体决策方法比较各个方案的优劣，利用评价指标从各个备选方案中最终选出一个最优方案。

三、主要公式

1. 项目计算期。

项目计算期(n) = 建设期(s) + 运营期(p)

2. 项目现金流量。

（1）初始现金流量。

单纯固定资产投资：建设期现金净流量 = −固定资产投资

完整工业项目投资：建设期现金净流量 = −固定资产投资 − 流动资产投资 − 无形资产投资 − 其他投资

（2）营业现金流量。

单纯固定资产投资：营业现金净流量 = 营业收入 − 付现成本 − 所得税
= 营业收入 −（营业成本 − 折旧）− 所得税
=（营业收入 − 营业成本）×(1 − 所得税率) + 折旧

完整工业项目投资：营业现金净流量 = 营业收入 − 付现成本 − 所得税
= 营业收入 −（营业成本 − 折旧 − 摊销）− 所得税
=（营业收入 − 营业成本）×（1 − 所得税率）+ 折旧 + 摊销

(3) 终结现金流量。

终结点现金净流量 = 终结年度的经营净现金流量 + 回收固定资产的残值收入 + 回收垫支的流动资金

3. 静态投资回收期（PP）。

(1) 若项目营运期内前若干年每年的营业净现金流量（NCF）相等：

$$不包括建设期的回收期(PP') = \frac{建设期发生的原始投资合计}{营运期内前若干年每年相等的净现金流量}$$

包括建设期的回收期(PP) = 不包包括建设期的回收期 + 建设期

(2) 若项目经营期年现金净流量不相等：

$$包括建设期的回收期(PP) = \begin{matrix}累计现金净流量最后\\一次出现负值的年数\end{matrix} + \frac{当年累计现金净流量的绝对值}{下年现金净流量}$$

不包括建设期的回收期(PP') = 不包括建设期的回收期 - 建设期

4. 投资利润率（ROI）。

$$ROI = \frac{年平均净利润}{原始投资额} \times 100\%$$

5. 净现值（NPV）。

$$NPV = \sum_{t=0}^{n} NCFt \times (P/F, i, t)$$

6. 净现值率（NPVR）。

$$NPVR = \frac{净现值}{原始投资现值}$$

7. 现值指数（PI）。

$$PI = \frac{\sum 经营期各年现金净流量现值}{原始投资现值} = \frac{净现值 + 原始投资现值}{原始投资现值} = 净现值率 + 1$$

8. 内含报酬率（IRR）。

$$令 \sum_{t=0}^{n} NCFt \times (P/F, IRR, t) = 0$$

其中：NCFt = 第 t 年的现金净流量，IRR = 内部报酬率，n = 项目计算期

四、主要工作任务

序　号	主要工作任务
1	分析与计算项目现金流量
2	计算与分析项目投资决策非贴现指标
3	计算与分析项目投资决策贴现指标
4	项目投资决策方法应用

职业判断训练

一、单选题

1. 项目投资的现金流量（NCF）是指在一个投资项目引起的企业（　　）。

A．现金收入和现金支出增加的数量

B．现金收入和现金支出

C．货币资金收入和货币资金支出增加的数量

D．长期性资金增加的数量

2. 当新建项目的建设期不为0时，建设期内各年的净现金流量（　　）。

A．小于或等于零　　B．大于零

C．一定小于零　　D．一定等于零

3. 下列项目投资评价指标中，数值越小越好的指标是（　　）。

A．净现值　　B．净现值率

C．投资利润率　　D．投资回收期

4. 某企业计划投资20万元建设一条生产线，预计该生产线投产后可为企业每年带来2万元净利润，生产线的年折旧额为3万元，则该项目的投资回收期为（　　）。

A．10年　　B．5年

C．4年　　D．20年

5. 某投资方案贴现率为12%时，净现值为2.5万元，贴现率为14%时，净现值为-3.5万元，则该方案的内含报酬为（　　）。

A．12.83%　　B．12.56%

C．13.12%　　D．15%

6. 如果某项目的净现值为正数，则必然存在的结果是（　　）。

A．投资回收期大于1

B．净现值率大于0

C．现值指数大于0

D．项目的内含报酬率等于0

7. 已知某项目的净现值率为0.5，该项目的原始投资额为800万元，且原始投资全部于建设起点一次性投入，则该项目的净现值为（　　）万元。

A．150　　B．300

C．400　　D．1 600

8. 某项目的计算期为5年，没有建设期，投产后每年的净现金流量均为100万元，原始投资额为120万元，资本成本为10%，(P/A,10%,5)=3.791，则该项目的年等额净回收额为（　　）万元。

A．51.2　　B．68.35

C．200　　D．37.91

9. 在下列项目投资决策评价指标中，没有考虑资金时间价值的指标是（　　）。

A. 净现值　　B. 现值指数

C. 投资利润率　　D. 内含报酬率

10. 在其他因素不变的情况下，一旦折现率提高，则下列指标中的数值会变大的是（　　）。

A. 净现值　　B. 净现值率

C. 现值指数　　D. 内含报酬率

二、多选题

1. 企业拟投资新建一个项目，在建设起点开始投资，历经5年后投产，试产期为1年，主要固定资产的预计使用寿命为10年，则下列说法中正确的有（　　）。

A. 该项目的建设期为5年　　B. 该项目的建设期为6年

C. 该项目的计算期为15年　　D. 该项目的计算期为16年

2. 对于一个完整工业项目投资，以下属于营业现金净流量构成的包括（　　）。

A. 增加的销售收入　　B. 增加的付现成本

C. 增加的折旧　　D. 回收固定资产的残值收入

3. 下列说法正确的是（　　）。

A. 当净现值大于0时，净现值率大于0

B. 当净现值大于0时，内含报酬率大于选定的基准收益率

C. 当净现值等于0时，现值指数等于1

D. 当净现值等于0时，内含报酬率大于选定的基准收益率

4. 净现值法的优点包括（　　）。

A. 考虑了资金时间价值　　B. 可用于投资额不同的方案的选择

C. 考虑了投资风险性　　D. 考虑了项目计算期的全部现金净流量

5. 判断一个独立项目是否具有财务可行性的评价标准是（　　）。

A. 净现值率大于1　　B. 净现值大于0

C. 现值指数大于0　　D. 现值指数大于1

6. 当净现值为负数，则表明（　　）。

A. 该项目为亏损项目　　B. 该项目的投资报酬率小于0

C. 该项目的投资报酬率不一定小于0　　D. 该项目的现值指数小于1

7. 如果以内含报酬率作为评价指标，那么要求内含报酬率（　　）。

A. 大于1　　B. 大于获利指数

C. 大于资金成本　　D. 大于基准的贴现率

8. 可能作为净现值法贴现率的是（　　）。

A. 企业要求的最低报酬率　　B. 资本成本率

C. 银行借款利率　　D. 内含报酬率

9. 下列选项中，用于评价原始投资不同的互斥方案的方法有（　　）。

A. 净现值法　　B. 差额法

C. 年回收额法　　D. 内含报酬率法

10. 对同一独立项目进行评价时，得出的结论会相同的指标有（　　）。

A. 净现值　　　　　　　　　　　　　　B. 投资回收期
C. 内含报酬率　　　　　　　　　　　　D. 净现值率

三、判断题

1. 项目投资包括以新增生产能力为目的的更新改造项目的投资和以恢复或改善生产能力为目的的新建项目投资。 (　　)

2. 非贴现指标也称为静态指标，即没有考虑资金时间价值因素的指标，主要包括投资利润率、投资回收期、净现值等指标。 (　　)

3. 某投资项目的现值指数为 1.25，则该项目的净现值率为 0.25。 (　　)

4. 现有两个互斥方案，其投资额、项目计算期均相等，则应采用差额法进行项目的选择。 (　　)

5. 在互斥方案的选优中，若差额内含报酬率指标大于基准收益率时，则原始投资额较大的方案为最优方案。 (　　)

6. 投资回收期和投资利润率具有计算简单、容易理解的优点，在决策中作为主要的指标。 (　　)

7. 在全部投资均于建设起点一次投入，建设期为零，投产后每年净现金流量相等的条件下，为计算内含报酬率所求的的年金现值系数的数值应等于该投资的静态投资回收期指标的值。 (　　)

8. 投资方案的回收期越长，表明该方案的风险程度越小。 (　　)

9. 在计算现金流量时，无形资产摊销的处理和固定资产折旧的处理原则是一样的。 (　　)

10. 某一贴现率可以使投资方案的净现值等于零，则该贴现率就可以成为方案的内含报酬率。 (　　)

职业技能训练

一、计算分析题

1. 公司有两个投资方案可供选择，两个方案的原始投资均为 100 000 元，无建设期，投产后各年的现金净流量如表 3－1 所示：

表 3－1　　方案现金流量表　　单位：元

	第一个方案	第二个方案
第一年	25 500	20 000
第二年	25 500	30 000
第三年	25 500	40 000
第四年	25 500	50 000
第五年	25 500	80 000

要求：计算两个方案的投资回收期。

2. 企业欲投资某项目，需要原始投资130万元，其中固定资产投资100万元，开办费投资10万元，流动资金投资20万元。项目建设期为2年。固定资产投资和开办费投资在建设期内分两次均匀投入，流动资金于第2年末投入。该固定资产的寿命为10年，按直线法计提折旧，预计净残值10万元；开办费自投产年份起分5年摊销。预计投产后每年获利润10万元；流动资金于终结点一次收回。

要求：计算项目计算期各年的净现金流量

3. 公司欲开发一条新的生产线，原始投资额为30万元，项目计算期为4年，无建设期，投产后第一年的净利润为3万元，以后每年递增1万元。

要求：计算项目的投资利润率。

4. 公司欲购入一台设备以扩充生产能力，现有甲、乙两个方案可供选择：

（1）甲方案：投资20 000元，使用寿命为5年，直线法计提折旧，5年后设备无残值。5年中每年销售收入为8 000元，每年的付现成本为3 000元；

（2）乙方案：投资24 000元，使用寿命为5年，直线法计提折旧，5年后有残值收入4 000元，5年中每年的销售收入为10 000元，付现成本第一年为4 000元，以后逐年增加修理费200元，另需垫支营运资金3 000元，于建设起点一次性投入。假设所得税率为40%，资本成本为10%。

要求：计算项目的现金净流量及净现值并比较方案的优劣

5. A、B是两个互斥的投资方案，预计的现金流量情况如表3－2所示：

表3－2　　预计的现金流量表　　单位：元

年　份	0	1	2	3	4
A方案	－20 000	10 000	10 000	10 000	10 000
B方案	－20 000	0	0	0	50 000

要求：计算两个方案的内含报酬率，并作出方案的选择。

6. 公司拟在2013年年初购置设备一台，需一次性投资100万元，无建设期。经测算，该设备使用寿命为5年，按照直线法计提折旧，预计的净残值率为5%；设备投入运营第一年需垫支流动资金20万元，并于设备报废时一次性收回，投产后每年可新增净利润20万元。已知(P/A,10%,5)＝3.7908，(P/F,10%,5)＝0.6209。不考虑建设安装期和公司所得税。

要求：

（1）计算使用期内各年净现金流量。

（2）计算该设备的静态投资回收期。

（3）如果以10%作为折现率，计算其净现值。

（4）利用净现值对项目进行可行性判断。

二、综合题

1. 企业准备投资一个完整工业建设项目，所在的行业基准折现率（资金成本率）

为10%，分别有A、B、C三个方案可供选择。

A方案的有关资料如下表3－3：

表3－3 **各方案现金流量表** 单位：元

计算期	0	1	2	3	4	5	6	合计
净现金流量	－60 000	0	30 000	30 000	20 000	20 000	30 000	
折现的净现金流量	－60 000	0	24 792	22 539	13 660	12 418	16 935	30 344

已知A方案的投资于建设期起点一次投入，建设期为1年，该方案年等额净回收额为6 967元。

B方案的项目计算期为7年，包括建设期的静态投资回收期为2.5年，净现值为50 000元，年等额净回收额为9 370元。

C方案的项目计算期为8年，包括建设期的静态投资回收期为3年，净现值为70 000元。

要求：

（1）计算或指出A方案的下列指标：①包括建设期的静态投资回收期；②净现值。

（2）以净现值和静态投资回收期为判断依据，若包括建设期的静态投资期的评价标准为小于等于项目计算期的一半时，方案可行，则评价A、B、C三个方案的财务可行性。

（3）计算C方案的年等额净回收额。

（4）用年等额净回收额法作出投资决策。

2. 和黄集团于2013年1月1日购入设备一台，设备价款1 500万元，预计使用寿命3年，报废时无残值。该固定资产采用直线法折旧。设备于购入当日投入使用，投产后，预计公司未来3年的销售收入将出现增长，增长额分别为1 200万元、2 000万元和1 500万元，3年经营成本分别增加400万元、1 000万元和600万元。购置设备所需资金通过发行债券方式予以筹措，债券面值总额为1 400万元，期限3年，票面年利率为8%，每年年末付息，债券发行价格为1 500万元。该公司适用的所得税税率为33%，要求的投资收益率为10%。

要求：

（1）计算债券资金成本率；

（2）计算设备每年折旧额；

（3）预测公司未来3年增加的净利润；

（4）预测该公司项目各年经营净现金流量；

（5）计算该项目的净现值。

三、案例分析题

（一）背景与情景：荣华公司有三个互斥投资方案，折现率为10%。资料如下表3－4：

表 3－4　　各方案净收益与现金流量表

期　间	A 方案		B 方案		C 方案	
	净收益	现金净流量	净收益	现金净流量	净收益	现金净流量
0		(20 000)		(9 000)		(12 000)
1	1 800	11 800	(1 800)	1 200	600	4 600
2	3 240	13 240	3 000	6 000	600	4 600
3			3 000	6 000	600	4 600
合计	5 040	5 040	4 200	4 200	1 800	1 800

问题：

该公司财务主管要求财务会计小王运用贴现和非贴现评价的五种方法即投资回收期、年均投资报酬率、净现值、现值指数、内部报酬率，分别对 A、B、C 这三个方案进行最优选择。小王计算后，发现运用评价指标进行决策时产生矛盾，不知道该如何进行决策，请你帮他解决问题并完成财务主管的任务。

（二）背景与情景：伟达相机制造厂是生产相机的中型企业，该厂生产的相机质量优良，价格合理，长期以来供不应求。为扩大生产能力，厂家准备新建一条生产线。负责这项投资决策工作的总会计师经过调查研究后，得到如下有关资料：

1. 该生产线的原始投资为 12.5 万元，分两年投入。第一年初投入 10 万元，第二年初投入 2.5 万元。第二年末项目完工可正式投产使用。投产后每年可生产相机 1 000 部，每部销售价格为 300 元，每年可获得销售收入 30 万元，投资项目可使用 5 年，5 年后残值可忽略不计。在投资项目经营期间要垫支流动资金 2.5 万元，这笔资金在项目结束时可全部收回。

2. 该项目生产的产品总成本的构成如下：

材料费用　20 万元　　制造费用　2 万元

人工费用　3 万元　　折旧费用　2 万元

总会计师通过对各种资金来源进行分析，得出该厂加权平均的资金成本为 10%。

同时还计算出该项目的营业现金流量、现金流量、净现值，并根据其计算的净现值，认为该项目可行。有关数据见表 3－5、表 3－6 和表 3－7。

表 3－5　　投资项目营业现金流量计算表　　单位：元

项　目	第 1 年	第 2 年	第 3 年	第 4 年	第 5 年
销售收入	300 000	300 000	300 000	300 000	300 000
现付成本	250 000	250 000	250 000	250 000	250 000
其中：材料费用	200 000	200 000	200 000	200 000	200 000
人工费用	30 000	30 000	30 000	30 000	30 000
制造费用	20 000	20 000	20 000	20 000	20 000
折旧费用	20 000	20 000	20 000	20 000	20 000
税前利润	30 000	30 000	30 000	30 000	30 000
所得税（33%）	9 900	9 900	9 900	9 900	9 900
税后利润	20 100	20 100	20 100	20 100	20 100
营业现金流量	40 100	40 100	40 100	40 100	40 100

表 3-6　　投资项目现金流量计算表　　单位：元

项　目	投资建设期		生产期				
	第 1 年	第 2 年	第 1 年	第 2 年	第 3 年	第 4 年	第 5 年
初始投资	100 000	25 000					
流动资金垫支		25 000					
营业现金流量			40 100	40 100	40 100	40 100	40 100
设备残值							25 000
流动资金收回							25 000
现金流量合计	100 000	50 000	41 100	40 100	40 100	40 100	90 100

表 3-7　　投资项目净现值计算表　　单位：元

时　间	现金流量	10%贴现系数	现　值
-1	-100 000	1.000	-100 000
0	-50 000	0.9091	-45 455
1	40 100	0.8264	33 138.64
2	40 100	0.7513	30 127.13
3	40 100	0.6830	27 388.3
4	40 100	0.6209	24 898.09
5	90 100	0.5645	50 861.45
	净现值		20 958.61

3. 厂部中层干部意见。

（1）经营副总经理认为：在项目投资和使用期间，通货膨胀率大约在 10%，将对投资项目各有关方面产生影响；

（2）基建处长认为：由于受物价变动的影响，初始投资将增长 10%，投资项目终结后，设备残值也将增加到 37 500 元；

（3）生产处长认为，由于物价变动的影响，材料费用每年将增加 14%，人工费用也将增加 10%；

（4）财务处长认为，产品销售价格预计每年可增加 10%。

问题：

1. 分析确定影响伟达相机投资项目决策的各因素；

2. 根据影响伟达相机投资项目决策的各因素，计算投资项目的净现金流量、净现值等；

3. 根据分析计算结果，确定伟达相机项目投资决策。

参考答案与提示

职业判断训练

一、单选题

1. A　2. A　3. D　4. B　5. A　6. B　7. C　8. B
9. C　10. D

二、多选题

1. AC　2. AB　3. ABC　4. AC　5. BD　6. CD　7. CD　8. AB
9. BC　10. AD

三、判断题

1. ×　2. ×　3. √　4. ×　5. √　6. ×　7. √　8. ×
9. √　10. √

职业技能训练

一、计算分析题

1. 第一个方案：投资回收期 = 100 000 ÷ 25 500 = 3.92 年

第二个方案：投资回收期 = 3 + (100 000 − 20 000 − 30 000 − 40 000) ÷ 50 000 = 3.2 年

2. 由于固定资产投资和开办费投资是在建设期均匀投入的，所以建设期净现金流量为：

项目计算期 n = 2 + 10 = 12（年）

每年固定资产折旧 = (100 − 10)/10 = 9（万元）

经营期前 5 年每年开办费摊销额 = 10/5 = 2（万元）

$NCF_0 = -(100+10)/2 = -55$（万元）

$NCF_1 = -(100+10)/2 = -55$（万元）

$NCF_2 = -20$（万元）

NCF_{3-7} = 该年净利润 + 该年折旧 + 该年摊销额

= 10 + 9 + 2 = 21（万元）

NCF_{8-11} = 该年净利润 + 该年折旧 = 10 + 9 = 19（万元）

$NCF_{12} = 10 + 9 + 10 + 20 = 49$（万元）

3. $投资利润率 = \frac{年平均净利润}{原始投资额} \times 100\%$

$= (3+4+5+6) \div 4 \div 30 \times 100\% = 15\%$

4. 甲方案 $NCF_0 = -20\ 000$

$NCF_{1-5} = [8\ 000 - (3\ 000 + 4\ 000)] \times (1 - 40\%) + 4\ 000 = 4\ 600$ 元

$NPV = 4\ 600(P/A, 10\%, 5) - 20\ 000 = 4\ 600 \times 3.791 - 20\ 000 = -2\ 561.4$ 元

乙方案 $NCF_0 = -24\ 000 - 3\ 000 = -27\ 000$

$NCF_1 = [10\ 000 - (4\ 000 + 4\ 000)] \times (1 - 40\%) + 4\ 000 = 5\ 200$ 元

$NCF_2 = [10\ 000 - (4\ 200 + 4\ 000)] \times (1 - 40\%) + 4\ 000 = 5\ 080$ 元

$NCF_3 = [10\ 000 - (4\ 400 + 4\ 000)] \times (1 - 40\%) + 4\ 000 = 4\ 960$ 元

$NCF_4 = [10\ 000 - (4\ 600 + 4\ 000)] \times (1 - 40\%) + 4\ 000 = 4\ 840$ 元

$NCF_5 = [10\ 000 - (4\ 800 + 4\ 000)] \times (1 - 40\%) + 4\ 000 + 4\ 000 + 3\ 000 = 11\ 720$ 元

$NPV = 5\ 200(P/F, 10\%, 1) + 5\ 080(P/F, 10\%, 2) + 4\ 960(P/F, 10\%, 3) + 4\ 840(P/F, 10\%, 4 + 11\ 720(P/F, 10\%, 5) = 23\ 231.68 - 27\ 000 = -3\ 768.32$ 元

分析：由于甲、乙两方案的 NPV 均小于零，因此，两个方案均不具有财务可行性。

5. 假设 $NPV = 0$ 计算两个方案的内含报酬率

方案 A：$NPV = 10\ 000 \times (P/A, I, 4) - 20\ 000 = 0$

$(P/A, I, 4) = 2$

查表：当 $i = 30\%$ 时，$(P/A, 30\%, 4) = 2.166$

当 $i = 35\%$ 时，$(P/A, 35\%, 4) = 1.997$

利用插值法：$IRR = 30\% + (35\% - 30\%) \times (2 - 2.166)/(1.997 - 2.166) = 34.91\%$

方案 B：$NPV = 45\ 000 \times (P/F, I, 4) - 20\ 000 = 0$

$(P/F, I, 4) = 0.4$

查表：当 $i = 25\%$ 时，$(P/F, I, 4) = 0.410$

当 $i = 30\%$ 时，$(P/F, I, 4) = 0.350$

利用插值法：$IRR = 25\% + (30\% - 25\%) \times (0.4 - 0.410)/(0.350 - 0.410)$
$= 25.83\%$

由于方案 A 的内含报酬率 > 方案 B 的内含报酬率，所以，选择方案 A 进行投资。

6. (1) 计算项目的各年净现金流量：

固定资产折旧 $= 100 \times (1 - 5\%)/5 = 19$ 万元

项目计算期 = 5 年

$NCF_0 = -100 - 20 = -120$ 万元

$NCF_{1-4} = 20 + 19 = 39$ 万元

$NCF_5 = 20 + 19 + 100 \times 5\% + 20 = 64$ 万元

(2) 静态投资回收期的计算：

由于项目的前 4 年每年的现金净流量相等，均为 39 万元，且 $39 \times 4 = 156$ 万元 > 100 万元，因此，静态投资回收期 $= 100/39 = 2.56$ 年

(3) 项目的净现值的计算：

$NPV = -120 + 39 \times (P/A, 10\%, 5) + 25 \times (P/F, 10\%, 5)$
$= -120 + 39 \times 3.7908 + 25 \times 0.6209 = 43.3637$

(4) 作为独立投资项目，因为其 $NPV > 0$，所以该项目具有财务可行性。

二、综合题

1.（1）① 因为 A 方案第三年的累计净现金流量 = 30 000 + 30 000 + 0 − 60 000 = 0，所以该方案包括建设期的静态投资回收期 = 3。② 净现值 = 折现的净现金流量之和 = 30 344（元）

（2）对于 A 方案由于净现值大于 0，包括建设期的投资回收期 = 3 年 = 6/2，所以该方案具备财务可行性；

对于 B 方案由于净现值大于 0，包括建设期的静态投资回收期为 2.5 年小于 7/2，所以该方案具备财务可行性；

对于 C 方案由于净现值大于 0，包括建设期的静态投资回收期为 3 年大于 8/2，所以该方案具备财务可行性。

（3）计算 C 方案的年等额净回收额：

C 方案的年等额净回收额 = 净现值 ×（A/P，10%，8）= 70 000 ÷ 5.3349

= 13 121.14（元）

（4）采用年等额净回收额法：

A 方案的年等额回收额 = 6 967（元）

B 方案的年等额回收额 = 9 370（元）

C 方案的年等额回收额 = 10 276（元）

因为 C 方案的年等额回收额最大，所以应当选择 C 方案。

2.（1）计算债券资金成本率：

债券资金成本率 = [1 400 × 8% ×（1 − 33%）] ÷ 1 500 = 5%

（2）计算设备每年折旧额：

每年折旧额 = 1 500 ÷ 3 = 500（万元）

（3）预测公司未来 3 年增加的净利润：

2013 年：（1 200 − 400 − 500 − 1 500 × 8%）×（1 − 33%）= 120.6（万元）

2014 年：（2 000 − 1 000 − 500 − 1 500 × 8%）×（1 − 33%）= 254.6（万元）

2015 年：（1 500 − 600 − 500 − 1 500 × 8%）×（1 − 33%）= 187.6（万元）

（4）预测该项目各年经营净现金流量：

2013 年净现金流量 = 120.6 + 500 + 1 500 × 8% = 740.6（万元）

2014 年净现金流量 = 254.6 + 500 + 1 500 × 8% = 874.6（万元）

2015 年净现金流量 = 187.6 + 500 + 1 500 × 8% = 807.6（万元）

（5）计算该项目的净现值：

$$NPV = -1\,500 + 740.6 \times (P/F, 10\%, 1) + 874.6 \times (P/F, 10\%, 2) + 807.6 \times (P/F, 10\%, 3)$$
$$= -1\,500 + 740.6 \times 0.9091 + 874.6 \times 0.8264 + 807.6 \times 0.7513 = 502.80 \text{（万元）}$$

三、案例分析题

（一）

A、B 方案投资回收期的计算过程如表 3 − 8、表 3 − 9 所示。

表 3-8　　**A 方案投资回收期计算表**　　单位：元

A 方案	现金流量	回收额	未回收额
原始投资	(20 000)		
现金流入			
第一年	11 800	11 800	8 200
第二年	13 240	8 200	0

因此 A 方案投资回收期 = 1 + (8 200 ÷ 13 240) = 1.62（年）

表 3-9　　**B 方案投资回收期计算表**　　单位：元

B 方案	现金流量	回收额	未回收额
原始投资	(9 000)		
现金流入			
第一年		1 200	7 800
第二年	6 000	6 000	7 800
第三年	6 000	1 800	0

因此 B 方案投资回收期 = 2 + (1 800 ÷ 6 000) = 2.30 年

C 方案各年净现金流量相等，所以可直接用原始投资和年现金净流量相比即可得出：

C 方案投资回收期 = 12 000 ÷ 4 600 = 2.61 年

结论：A 方案的投资回收期最短，故应选 A 方案为最优方案。

三个方案年均投资报酬率的计算过程如下：

$$\text{A 方案的投资报酬率} = \frac{(1\ 800 + 3\ 240) \div 2}{20\ 000} \times 100\% = 12.6\%$$

$$\text{B 方案投资报酬率} = \frac{(-1\ 800 + 3\ 000 + 3\ 000) \div 3}{9\ 000} \times 100\% = 15.6\%$$

$$\text{C 方案投资报酬率} = \frac{600}{12\ 000} \times 100\% = 5\%$$

结论：B 方案投资报酬率最高，应选 B 方案为最优方案。

三个方案净现值的计算过程如下：

$$\begin{aligned}\text{净现值(A)} &= (11\ 800 \times 0.9091 + 13\ 240 \times 0.8264) - 20\ 000 \\ &= 21\ 669 - 20\ 000 \\ &= 1\ 669\ (\text{元})\end{aligned}$$

$$\begin{aligned}\text{净现值(B)} &= (1\ 200 \times 0.9091 + 6\ 000 \times 0.8264 + 6\ 000 \times 0.7513) - 9\ 000 \\ &= 10\ 557 - 9\ 000 \\ &= 1\ 557\ (\text{元})\end{aligned}$$

$$\begin{aligned}\text{净现值(C)} &= 4\ 600 \times 2.487 - 12\ 000 \\ &= 11\ 440 - 12\ 000 \\ &= -560\ (\text{元})\end{aligned}$$

结论：A 方案净现值最大，应选 A 方案为最优方案。

三个方案现值指数的计算过程如下：

现值指数(A)＝21 669÷20 000＝1.08

现值指数(B)＝10 557÷9 000＝1.17

现值指数(C)＝11 440÷12 000＝0.95

结论：B 方案现值指数最大，应选 B 方案为最优方案。

三个方案内含报酬率的计算过程如下：

A 和 B 方案的各年净现金流量不相等，因此需要采用逐步测试。A 方案的净现值为正数，说明它的投资报酬率大于 10%，因此，应提高折现率进一步测试。其测试过程如表 3－10：

表 3－10　A 方案贴现率测试表　单位：元

年份	现金净流量	贴现率＝18%		贴现率＝16%	
		贴现系数	现值	贴现系数	现值
0	(20 000)	1	(20 000)	1	(20 000)
1	11 800	0.847	9 995	0.862	10 172
2	13 240	0.718	9 506	0.743	9 837
净现值			(499)		9

B 方案用 18% 作为折现率测试，净现值为负 22 元，接近于零，可认为其内含报酬率为 18%，测试过程见表 3－11：

表 3－11　B 方案贴现率测试表　单位：元

年份	现金净流量	贴现率＝18%		贴现率＝16%	
		贴现系数	现值	贴现系数	现值
0	(9 000)	1	(9 000)	1	(9 000)
1	1 200	0.847	1 016	0.862	1 034
2	6 000	0.718	4 308	0.743	4 458
3	6 000	0.609	3 654	0.641	3 846
净现值			(22)		338

由以上测试可知：

$$内含报酬率(A)=16\%+\left(2\%\times\frac{9}{9+499}\right)=16.04\%$$

$$内含报酬率(B)=16\%+\left(2\%\times\frac{338}{22+338}\right)=17.88\%$$

C 方案各期现金流入量相等，符合年金形式，内含报酬率可直接利用年金现值表来确定，不需要进行逐步测算。

设现金流入的现值与原始投资相等：

原始投资＝每年现金流入量×年金现值系数

12 000＝4 600(P/A,I,3)

(P/A,I,3)＝2.609

查阅“年金现值系数表”，寻找 n = 3 时系数 2.609 所指的利率。查表结果，与 2.609 接近的寻找系数 2.624 和 2.577 分别指向 7% 和 8%。用内插法确定 C 方案的内含报酬率为 7.32%。

$$内含报酬率(C) = 7\% + \left(1\% \times \frac{2.624 - 2.609}{2.624 - 2.577}\right)$$

$$= 7\% + 0.32\%$$

$$= 7.32\%$$

针对本案例，可给出解决小王认为的矛盾的方法如下：

当评价结论出现矛盾时，以主要指标为准。当主要指标也出现矛盾时，应具体问题具体分析。净现值主要用于原始投资相等方案的选择。而现值指数法的主要优点是，可以进行独立投资机会获利能力的比较。A 方案的净现值是 1 669 元，B 方案的净现值是 1 557 元。如果这两个方案之间是互斥的，当然 A 方案较好。如果两者是独立的，哪一个应优先给予考虑，可以根据现值指数来选择。B 方案现值指数为 1.17，大于 A 方案的 1.08，所以 B 优于 A。现值指数可以看成是 1 元原始投资可望获得的现值净收益，因此，可以作为评价方案的一个指标。它是一个相对数指标，反映投资的效率；而净现值指标是绝对数指标，反映投资的效益。

总之，按照财务主管的指令，本案例的最佳方案应该选择 B 方案。

（二）伟达相机厂的总会计师应根据厂部中层干部的意见，找出影响投资项目的各因素后，再进行投资项目的现金流量及净现值的重新测算，以便为厂领导提供更为准确的决策依据。具体分析测算如下：

(1) 确定影响伟达相机投资项目决策的各因素。

在项目投资和使用期间，在通货膨胀因素的影响下，物价上涨已是大势所趋。为此，确定因受物价变动的影响而使项目投资额、相机产品成本等的增加，主要有以下方面：

第一年各项指标：

项目投资额将增加到：10 万元 ×(1 + 10%) = 11 万元

产品成本各费用共增加到：

材料费用将增加到：20 万元 ×(1 + 14%) = 22.8 万元

人工费用将增加到：3 万元 ×(1 + 10%) = 3.3 万元

制造费用将增加到：2 万元 ×(1 + 4%) = 2.08 万元

产品销售收入将增加到：30 万元 ×(1 + 10%) = 33 万元

每年折旧费用 2 万元，保持不变。

第二年各项指标：

项目投资额将增加到：2.5 万元 ×(1 + 10%) = 2.75 万元

产品成本各费用共增加到：

材料费用将增加到：22.8 万元 ×(1 + 14%) = 25.992 万元

人工费用将增加到：3.3 万元 ×(1 + 10%) = 3.63 万元

制造费用将增加到：2.08 万元 ×(1 + 4%) = 2.1632 万元

产品销售收入将增加到：33 万元 ×(1 + 10%) = 36.3 万元

每年折旧费用2万元，保持不变。

第三年各项指标：

产品成本各费用共增加到：

材料费用将增加到：25.992万元×(1+14%)=29.6308万元

人工费用将增加到：3.63万元×(1+10%)=3.993万元

制造费用将增加到：2.1632万元×(1+4%)=2.2497万元

产品销售收入将增加到：36.3万元×(1+10%)=39.930万元

每年折旧费用2万元，保持不变。

第四年各项指标：

产品成本各费用共增加到：

材料费用将增加到：29.6308万元×(1+14%)=33.7792万元

人工费用将增加到：3.993万元×(1+10%)=4.3923万元

制造费用将增加到：2.2497万元×(1+4%)=2.3397万元

产品销售收入将增加到：39.930万元×(1+10%)=43.923万元

每年折旧费用2万元，保持不变。

第五年各项指标：

产品成本各费用共增加到：

材料费用将增加到：33.7792万元×(1+14%)=38.5082万元

人工费用将增加到：4.3923万元×(1+10%)=4.8315万元

制造费用将增加到：2.3397万元×(1+4%)=2.4333万元

设备残值将增加到：2.5万元×(1+50%)=3.75万元

产品销售收入将增加到：43.923万元×(1+10%)=48.1533万元

每年折旧费用2万元，保持不变。

(2) 重新测算伟达相机投资项目的营业现金流量、现金流量和净现值等。

根据第一步确定的各影响因素，重新计算投资项目营业现金流量、现金流量、净现值等见表3-12、表3-13、表3-14。

表3-12　投资项目的营业现金流量计算表　单位：元

项　目	第1年	第2年	第3年	第4年	第5年
销售收入	330 000	363 000	399 300	439 230	483 153
付现成本					
其中：材料费用	228 000	259 920	296 308	337 792	385 082
人工费用	33 000	36 300	39 930	43 923	48 315
制造费用	20 800	21 632	22 497	23 397	24 333
折旧费用	20 000	20 000	20 000	20 000	20 000
税前利润	28 200	25 148	22 565	14 118	1 790
所得税（33%）	9 306	8 299	6 786	4 659	591
税后利润	18 894	16 849	15 779	9 459	1 199
营业现金流量	38 894	36 849	35 779	29 459	21 199

表 3-13　　投资项目现金流量计算表　　单位：元

项　目	投资建设期		生产期				
	第 1 年	第 2 年	第 1 年	第 2 年	第 3 年	第 4 年	第 5 年
初始投资	110 000	27 500					
流动资金垫支		25 000					
营业现金流量			38 894	36 849	35 779	29 459	21 199
设备残值							37 500
流动资金收回							25 000
现金流量合计	110 000	52 500	38 894	36 849	35 779	29 459	83 699

表 3-14　　投资项目的净现值计算表　　单位：元

时　间	现金流量	10%贴现系数×10%的购买力损失	现　值
-1	-110 000	1.000×1.000	-110 000
0	-52 500	0.9091×0.9091	-43 389.3
1	38 894	0.8264×0.8264	26 562.15
2	36 849	0.7513×0.7513	20 799.48
3	35 779	0.6830×0.6830	16 690.51
4	29 459	0.6209×0.6209	11 356.94
5	83 699	0.5645×0.5645	26 671.54
净现值			-51 308.68

（3）伟达相机投资项目决策

总会计师经过测算后，发现该项目投资的净现值为负数，且数额很大。因此，该企业只好放弃这一项目投资决策，并上交厂部领导及有关部门，请求另寻他路。

学习情境四 证 券 投 资

知识与技能回顾

一、内容结构

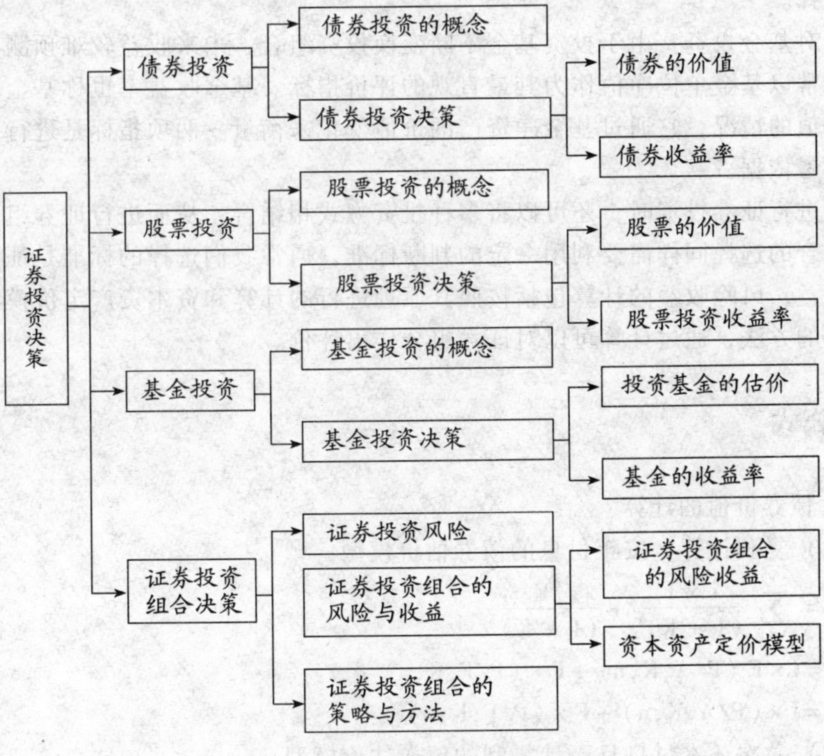

图 4－1　学习情境四内容结构图

二、内容提要

证券投资是指企业为获取投资收益或控股为目的而将资金用于购买股票、债券、基金等金融资产的投资行为。作为现金的替代品，证券投资为企业有效利用闲散资金，充分挖掘资金潜力提供了理想的途径。而要想充分利用证券投资的优势为企业蓄积资金同时资金增值，我们需要对投资项目进行深入的分析，作出正确的选择。

在进行证券投资决策时，首先需要考虑证券的价值和证券的收益率两项重要的指标，从两项指标的计算原理来看，不同的投资具有其自身的特点。

针对债券投资，债券的价值又称债券的内在价值，可利用债券投资时投资者预期可获得的现金流入量的现值进行计算。只有当债券的购买价格低于债券价值时，债券才值得购买；对于收益率值指标，可利用一定时期内债券投资所得收益与投入本金的比率进行计算。其判断标准是，当债券收益率高于投资者所要求的报酬率时，才能进行债券的买入，否则不得选择。

针对股票投资，股票的价值又称股票的内在价值，可利用未来的股利和将来出售股票时售价的现值进行计算，同样，其决策标准是只有当股票的购买价格低于其价值时，才值得购买；对于收益率指标的计算，根据持有股票的特点，分为短期股票投资收益率计算，长期持有、股利固定增长的股票收益率的计算以及一般情况下股票投资收益率的计算三种具体的情况。对收益率的判断标准同样是与投资者所要求的报酬率进行比较，作出选择。

针对基金投资，由于投资基金不断变换投资组合，未来收益较难预测，因此基金的价值通常以基金单位净值作为其最直观的评价指标。基金收益率也称基金回报率，反映基金增值的情况，它通过基金净资产的价值变化来衡量。两项指标是进行基金投资时重要的参考依据。

在进行证券投资时，还可以将多种投资方式相结合，从而进行证券组合投资。证券投资组合的选择同样需要利用一定的判断标准，通常我们选择的标准是证券投资组合的风险收益，风险收益的计算包括按照其原理进行的计算和资本资产定价模型下的计算两种具体的方法，通过计算可以对证券组合作出评价。

三、主要公式

1. 债券价值的计算。

（1）复利计算、按年付息的债券估价模型：

$$P = \sum_{t=1}^{n} \frac{i \times F}{(1+K)^t} + \frac{F}{(1+K)^n}$$

$$= i \times F\ (P/A, K, n) + F \times (P/F, K, n)$$

$$= I \times (P/A, K, n) + F \times (P/F, K, n)$$

（2）一次还本付息且不计复利的债券估价模型：

$$P = F(1 + i \times n)/(1+K)^n$$

$=F(1+i\times n)\times(P/F,K,n)$

（3）零息债券的价值模型：

$P=F/(1+K)^n=F\times(P/F,K,n)$

2. 短期债券的收益率的计算。

（1）到期收益率基本公式：

$$债券收益率=\frac{到期本息和-债券买入价格}{债券买入价格\times剩余到期年限}\times100\%$$

（2）持有期收益率公式：

当债券分期付息、到期还本方式支付时：

$$持有期收益率=\frac{卖出价格-买入价格+持有期间的利息}{买入价格\times持有年限}\times100\%$$

当债券到期一次还本付息的方式支付时：

$$持有期收益率=\frac{卖出价格-买入价格}{买入价格\times持有年限}\times100\%$$

3. 长期债券收益率的计算。

（1）每年年末分期付息，一次还本的债券收益率的计算：

$P=I\times(P/A,K,n)+F\times(P/F,K,n)$

（2）一次还本付息的单利债券收益率的计算：

$P=F(1+i\times n)\times(P/F,K,n)$

4. 股票价值的计算。

（1）股票价值的基本模型：

$$V=\sum_{t=1}^{n}\frac{d_t}{(1+K)^t}+\frac{V_n}{(1+K)^n}$$

（2）长期持有、股利固定的股票价值模型：

$V=d/K$

（3）长期持有股票、股利固定增长的股票价值模型：

$V=d_0(1+g)/(K-g)$

$=d_1/(K-g)$

5. 股票投资收益率的计算。

（1）短期股票收益率的计算：

$K=(S_1-S_0+d)/S_0\times100\%$

$=(S_1-S_0)/S_0+d/S_0$

$=$预期资本利得收益率$+$股利收益率

（2）长期持有、股利固定增长的股票收益率的计算：

$K=d_1/V+g$

（3）一般情况下股票投资收益率的计算：

$$V=\sum_{t=1}^{n}\frac{d_t}{(1+K)^t}+\frac{V_n}{(1+K)^n}$$

6. 基金单位净值。

$$基金单位净值=\frac{基金净资产价值总额}{基金单位总份数}$$

$$=\frac{基金资产总值-基金负债总额}{基金单位总份数}$$

7. 基金收益率。

$$基金收益率=\frac{年末持有份数\times基金单位净值年末数-年初持有份数\times基金单位净值年初数}{年初持有份数\times基金单位净值年初数}$$

8. 证券投资组合的风险收益。

$R_p=\beta_p\times(K_m-R_f)$

9. 资本资产定价模型。

$K_i=R_f+\beta\times(K_m-R_f)$

四、主要工作任务

序　号	典型工作任务
1	计算债券价值和债券收益率，并据此作出投资决策
2	计算股票价值和股票收益率，并据此作出投资决策
3	计算基金价值和基金收益率，并据此作出投资决策
4	计算证券投资组合的风险收益，并据此作出投资决策

职业判断训练

一、单选题

1. 某公司股票的 β 系数为 1.5，无风险利率为 8%，市场上所有股票的平均报酬率为 10%，则该公司股票的必要报酬率为（　　）。

A. 8%　　B. 15%

C. 11%　　D. 12%

2. 某资产组合的风险收益率为 10%，市场组合的平均收益率为 12%，无风险收益率为 8%，则该资产组合的 β 系数为（　　）。

A. 2　　B. 2.5

C. 1.5　　D. 5

3. 某企业购买 A 股票 100 万股，买入价每股 5 元，持有 3 个月后卖出，卖出价为每股 5.4 元，在持有期间每股分得现金股利 0.1 元，则该企业持有期收益率为（　　）。

A. 10%　　B. 40%

C. 8%　　D. 32%

4. A 公司股票股利的固定增长率为 6%，预计第一年的股利为 1.2 元/股，无风险收益率为4%，市场上所有股票的平均报酬率为12%。该股票的β系数为1.5，那么该股票的价值为（　）元。

A. 30　　B. 12

C. 31.8　　D. 10.6

5. 某企业于2010年2月28日以870元购进一张面值1 000元，票面利率5%，到期一次还本付息债券，并于2011年2月28日以980元的市价出售，则该债券的投资收益率是（　）。

A. 12.64%　　B. 13.58%

C. 12%　　D. 14.56%

6. 公司拟购买另一公司股票，并计划长期持有，该股票每年分配股利5元，并保持不变，当投资者所要求的必要收益率为20%时，该股票价格（　）时，值得购买。

A. 高于25元　　B. 低于25元

C. 高于30元　　D. 低于30元

7. 投资基金的收益率是通过（　）的变化来衡量的。

A. 基金净资产的价值　　B. 基金认购价

C. 基金赎回价　　D. 基金资产的价值

8. 假设某基金持有的某三种股票的数量分别为10万股、50万股和100万股，每股的收盘价分别为30元、20元和10元，银行存款为2 000万元，该基金负债有两项：对托管人或管理人应付未付的报酬为500万元，应交税金为500万元，已售出的基金单位为2 000万。则该基金的单位净值为（　）元。

A. 1.10　　B. 1.15

C. 1.65　　D. 1.17

9. 某公司2012年1月1日以1 025元购买一张面值为1 000元，票面利率为15%，单利计息的债券，该债券期限5年，到期一次还本付息，已知(P/F,11%,5)=0.593，(P/F,12%,5)=0.5674，该债券的到期收益率为（　）。

A. 12%　　B. 14.20%

C. 16.57%　　D. 11.27%

10. 相对于债券投资而言，股票投资的缺点是（　）。

A. 投资收益低　　B. 投资风险高

C. 能拥有被投资企业的经营控制权　　D. 收入稳定

二、多选题

1. 关于投资者要求的收益率，下列说法中正确的有（　）。

A. 风险程度越高，要求的收益率越低

B. 无风险收益率越高，要求的收益率越高

C. 无风险收益率越低，要求的收益率越高

D. 风险程度越高，要求的收益率越高

2. 按照资本资产定价模型，影响特定股票必要收益率的因素有（　）。

A. 无风险的收益率　　B. 平均风险股票的必要收益率

C. 特定股票的 β 系数　　D. 财务杠杆系数

3. 与长期持有、股利固定增长的股票价值呈同方向变化的因素有（　）。

A. 预期第 1 年的股利　　B. 股利年增长率

C. 投资人要求的收益率　　D. β 系数

4. 债券投资的特点是（　）。

A. 投资收益稳定　　B. 投资风险高

C. 流动性强　　D. 投资风险低

5. 相对于债券投资而言，股票投资的优点是（　）。

A. 投资收益高　　B. 投资风险高

C. 能拥有被投资企业的经营控制权　　D. 收入稳定

6. 股票带给投资者的现金流入主要包括（　）。

A. 股利收入　　B. 利息收入

C. 持有至到期收回的本金　　D. 股票出售时的资本利得

7. 以下属于非系统风险的是（　）

A. 战争　　B. 经营风险

C. 行业风险　　D. 企业违约风险

8. 下列各项中，属于基金投资优点的有（　）。

A. 具有专家理财优势　　B. 具有资金规模优势

C. 承担很大风险　　D. 可能获得很高的投资收益

9. 债券的收益率包括（　）。

A. 票面收益率　　B. 直接收益率

C. 持有期收益率　　D. 到期收益率

10. 决定债券收益率的因素主要有（　）。

A. 票面利率　　B. 持有时间

C. 市场利率　　D. 购买价格

三、判断题

1. 债券收益率是指在一定时期内债券投资所得收益与债券面值之间的比率。（　）

2. 短期债券收益率在计算时需要考虑资金时间价值。（　）

3. 长期债券投资收益率是使债券利息的年金现值和债券到期收回本金的复利现值之和等于债券购买价格时的贴现率。（　）

4. 短期债券是指从债券购入到债券到期（或出售）的期限在一年以内（不含一年）的债券。（　）

5. 相对于债券投资而言，股票投资可带来的未来收益较高，但承担的风险也较高。（　）

6. 股票的收益主要是指到期收益率和持有期收益率两种。（　）

7. 基金的价值是指在某一时点每一基金单位所具有的市场价值，是评价基金价值的最直观指标。（　）

8. 系统性风险，是指由于政治、经济及社会环境的变动等原因给证券市场上所有证券都带来影响的风险，也称为可分散风险。（　　）

9. 企业进行股票投资就是为了控制被投资企业。（　　）

10. 某种股票的 β 系数 =0.5，则其风险情况大于整个证券市场的风险情况（　　）。

职业技能训练

一、计算分析题

1. 某公司对外发行的债券面值为 2 000 元，票面利率为 5%，期限为 3 年，当前的市场利率为 10%，则该债券的价值为多少？

2. 某公司对外发行债券，面值 5 000 元，期限 8 年，票面利率 5%，单利计息，到期还本付息，当前市场利率为 3%。则该债券的价值为多少？

3. 某债券面值 1 000 元，期限 8 年，期内不计息，到期按面值偿还，市场利率 8%，则该债券的价值为多少？

4. 某企业于 2012 年 1 月 1 日以 120 元的价格购买了一张面值为 100 元、利率为 12%、到期一次还本付息的债券，该债券于 2009 年 1 月 1 日发行、7 年期债券，计算该债券的到期收益率。

5. 某企业于 2011 年 2 月 28 日以 870 元购进一张面值 1 000 元，票面利率 5%，每年付息一次的债券，并于 2012 年 2 月 28 日以 980 元的市价出售，问该债券的投资收益率是多少？

6. 公司欲购买一只股票用于投资，该股票的价格为 60 元，预计下一期的股利是 5 元，该股利将以大约 10% 的速度持续增长，则该股票的预期收益率为多少？

二、综合题

1. 甲公司以 1 020 元的价格购入债券 A，债券 A 是 2008 年 9 月 1 日发行、5 年期债券，其面值为 1 000 元，票面利率为 8%。请分别回答下列问题：

（1）如果该债券每年 8 月 31 日付息，计算该债券的本期收益率；

（2）如果该债券到期一次还本付息，甲公司于 2012 年 5 月 1 购入债券于 2012 年 11 月 1 日以 1 060 元的价格卖掉，计算该债券的持有期收益率；

（3）如果该债券每年 8 月 31 日付息，甲公司于 2012 年 11 月 1 日购入该债券并持有至到期，计算该债券的到期收益率；

（4）如果该债券每年 8 月 31 日付息，甲公司于 2011 年 9 月 1 日购入该债券并持有至到期，计算该债券的到期收益率。

2. 某公司发行公司债券，面值为 1 000 元，票面利率为 10%，期限为 5 年。已知市场利率为 8%。要求计算并回答下列问题：

（1）债券为按年付息、到期还本，发行价格为 1 020 元，投资者是否愿意购买？

（2）债券为单利计息、到期一次还本付息债券，发行价格为 1 010 元，投资者是否愿意购买?

(3) 债券为贴现债券,到期归还本金,发行价为700元,投资者是否愿意购买?

三、案例分析题

(一) 背景与情境: 张伟是东方咨询公司的一名财务分析师,应邀评估百兴商业集团建设新商场对公司股票价值的影响。张伟根据公司情况做了以下估计:

(1) 公司本年度净收益为200万元,每股支付现金股利2元,新建商场开业后,净收益第一年、第二年均增长15%,第三年增长8%,第四年及以后将保持这一净收益水平。

(2) 该公司一直采用固定支付率的股利政策,并打算今后继续实行该政策。

(3) 公司的β系数为1,如果将新项目考虑进去,β系数将提高到1.5。

(4) 无风险收益率(国库券)为4%,市场要求的收益率为8%。

(5) 公司股票目前市价为23.6元。

张伟打算利用长期持有股票、股利固定增长的股票价值模型,同时考虑风险因素进行股票价值的评估。百兴集团的一位董事提出,如果采用长期持有股票、股利固定增长的股票价值模型,则股利越高,股价越高,所以公司应改变原有的股利政策提高股利支付率。[①]

问题:

1. 参考固定股利增长模型,分析这位董事的观点是否正确?

2. 分析股利增加对可持续增长率和股票的账面价值有何影响?

3. 评估公司股票价值。

(二) 背景与情境: 红运公司是一家制造型企业。2012年年末,公司领导召开会议,集体通过了利用手中多余资金投资。经分析、整理调研资料,公司最终选定了两个项目:甲项目投资额为100万元,资本收益率为10%;乙项目投资额为200万元,折现率为13%和14%的时候,净现值分别为4.7253万元和-7.2365万元。甲项目有两个筹资方案,A方案:发行票面利率为11%、期限为3年的债券,年末付息,到期还本,B方案是增发普通股。已知红运公司现有资金1 000万元,其中普通股300万元,普通股成本为10%,长期借款500万元,年末付息,到期还本,留存收益200万元,长期借款的年利率为10%,该公司股票的系统性风险是市场风险的2倍,整个市场的收益率为8%,无风险报酬率为5%,公司适用的所得税率为33%。

问题:

1. 公司股票的必要收益率是多少?

2. 以公司的必要收益率为标准,判断是否应当投资于甲、乙两个项目。

3. 计算A、B两个方案的资金成本,并分析经济合理性。

4. 计算乙项目分别采用A、B两个筹资方案再筹资后,该公司的综合资金成本,并对乙项目的筹资方案作出评价。

---

① 资料来源:http://www.docin.com/p-15370131.html。

参考答案与提示

职业判断训练

一、单选题

1. C　2. B　3. A　4. B　5. A　6. B　7. A　8. C
9. D　10. B

二、多选题

1. BD　2. ABC　3. AB　4. AB　5. AC　6. AD　7. BCD　8. AB
9. ABCD　10. ABD

三、判断题

1. ×　2. ×　3. √　4. ×　5. √　6. ×　7. ×　8. ×
9. ×　10. ×

职业技能训练

一、计算分析题

1\. 债券价值 $P = 2\,000 \times 5\% \times (P/A, 10\%, 3) + 2\,000 \times (P/F, 10\%, 3)$

$= 100 \times 2.487 + 2\,000 \times 0.751$

$= 1\,750.7$（元）

2\. $P = F(1 + i \times n) \times (P/F, K, n)$

$= 5\,000 \times (1 + 5\% \times 8) \times (P/F, 3\%, 8)$

$= 5\,000 \times 1.4 \times 0.789$

$= 5\,523$（元）

3\. $P = F \times (P/F, K, n)$

$= 1\,000 \times (P/F, 8\%, 8)$

$= 1\,000 \times 0.540$

$= 540$（元）

4\. 债券收益率 $= [100 \times (1 + 12\% \times 7) - 120] / 120 \times 4 \times 100\% = 13.33\%$

5\. 债券收益率 $= (980 - 870 + 50) / 870 \times 100\% = 18.39\%$

6\. $K = 5/60 + 10\% = 18.33\%$

二、综合题

1\. （1）本期收益率 $= (1\,000 \times 8\% / 1\,020) \times 100\% = 7.84\%$

(2) 持有期收益率 = [(1 060 - 1 020)/(1 020 × 0.5)] × 100% = 7.84%

(3) 到期收益率 = [1 000 × 8% + 1 000 - 1 020]/(1 020 × 10/12) × 100% = 7.06%

(4) 1 020 = 1 000 × 8% × (P/A, i, 2) + 1 000 × (P/F, i, 2)

经过测算得知：

当 i = 7% 时，1 000 × 8% × (P/A, 7%, 2) + 1 000 × (P/F, 7%, 2) = 1 018.04

当 i = 6% 时，1 000 × 8% × (P/A, 6%, 2) + 1 000 × (P/F, 6%, 2) = 1 036.67

用内插法计算可知：

(7% - i)/(7% - 6%) = (1 018.04 - 1 020)/(1 018.04 - 1 036.67)

i = 7% - (1 018.04 - 1 020)/(1 018.04 - 1 036.67) × (8% - 7%)

= 6.89%

即到期收益率为 6.89%

2. (1) 债券价值 = 1 000 × 10% × (P/A, 8%, 5) + 1 000 × (P/F, 8%, 5)

= 100 × 3.9927 + 1 000 × 0.6806

= 1 079.87 (元)

因为债券的价值高于债券的发行价格，所以投资者会购买该债券。

(2) 债券价值 = 1 000 × (1 + 5 × 10%) × (P/F, 8%, 5)

= 1 500 × 0.6806

= 1 020.9 (元)

因为债券的价值高于债券的发行价格，所以投资者会购买该债券。

(3) 债券价值 = 1 000 × (P/F, 8%, 5) = 1 000 × 0.6806 = 680.6 (元)

因为债券的价值低于债券的发行价格，所以投资者不会购买该债券。

三、案例分析题

(一) 1. 该董事的观点是错误的，在固定股利增长模型中，$V = d_0(1+g)/(K-g) = d_1/(K-g)$，当股利较高时，在其他条件不变的情况下，价格的确会较高，但是其他条件并非不变的，如果公司提高股利支付率，增长率 g 就会下降，股票价格不一定会上升。事实上，如果股权收益率大于了 K，价格反而会下降。

2. 股利支付率的提高将减少可持续增长率，因为用于再投资企业的资金减少了，股利支付率的上升会减少股票的账面价值，原因也是一样的。

3. K = 4% + (8% - 4%) × 1.5 = 10%

股票价值的计算见下表 4-1：

表 4-1　　股票价值计算表

年　份	0	1	2	3	合　计
每股股利（元）	2	2.3	2.65	2.86	
现值系数（i = 10%）		0.9091	0.82564	0.7531	
股利现值（元/股）		2.09	2.19	2.15	6.453
第三年年末股利				28.6	
第三年年末股价现值（元/股）				21.54	21.54
股票价值					27.97

公司股票的内在价值将高于市价，这一分析表明：采用新项目，公司股价将会上升，它的β系数和风险溢价也会上升。

（二）

1. 公司股票的必要收益率 =5% +2×(8% -5%) =11%

2. 乙项目的内部报酬率 = 13% + (4.7253 - 0)/[4.7253 - (- 7.2365) × (14% - 13%] = 13.4%

甲项目的预期收益率 =10% <11%

乙项目的内部报酬率 =13.4% >11%

所以应该投资于乙项目。

3. A 方案的资金成本 =11% ×(1 -33%) =7.37%

B 方案的资金成本 =5% +2×(8% -5%) =11%

两个方案均小于乙项目的内部报酬率，因此经济上都是合理的。

4. 原有借款的个别资金成本 =10% ×(1 -33%) =6.7%

按 A 方案筹资后的综合资金成本 =10% ×500/1 200 +6.7% ×500/1 200 +7.37% × 200/1 200 =8.19%

按 B 方案筹资后的综合资金成本 = 11% × (500 + 200)/1 200 + 6.7% ×500/1 200 =9.21%

因此 A 筹资方案优于 B 筹资方案。

学习情境五
营运资金管理

知识与技能回顾

一、内容结构

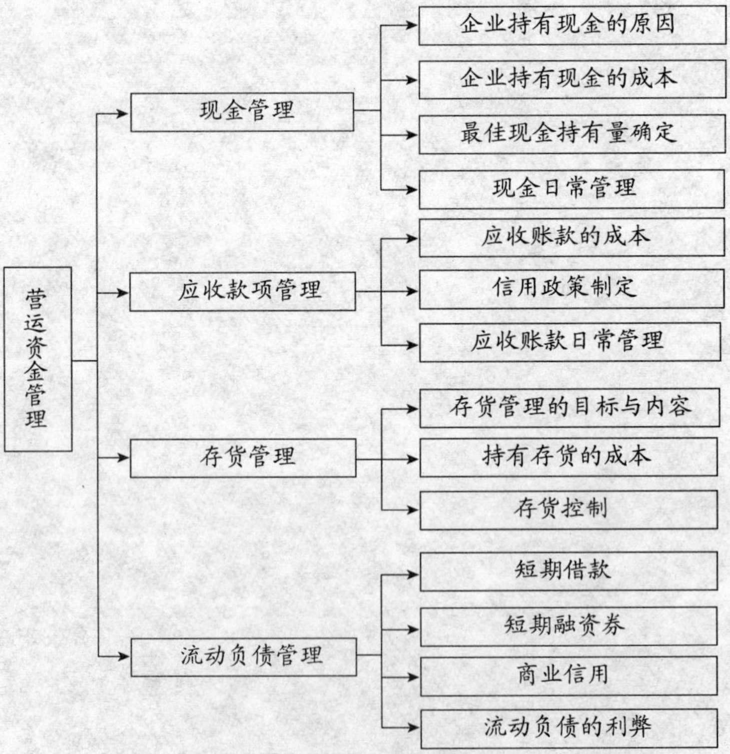

图5－1　学习情境五内容结构图

二、内容提要

企业持有现金的原因主要是交易动机、预防动机和投机动机。企业持有现金的成本主要有机会成本、管理成本、转换成本和短缺成本。

最佳现金持有量的确定方法有成本分析模式和存货模式。

成本分析模式，这种方法主要考虑与现金持有量直接相关的机会成本和短缺成本。管理成本基本属于固定成本，与现金持有量的大小关系不大。最佳现金持有量的具体计算，可以先计算出各种方案的机会成本、短缺成本和管理成本之和，再从中选择出总成本之和最低的方案，即为最佳现金持有量方案。

存货模式，这种方法主要考虑机会成本和转换成本。使用存货的经济批量模型计算最佳现金持有量时，主要是对现金持有量的机会成本和转换成本进行权衡，寻求两项成本之和达到最低时的现金持有量。

应收账款是指企业因销售产品、材料或提供劳务及其他原因，而应向购货单位或接受劳务单位及其他单位收取的款项。应收账款的功能为增加销售和减少存货；应收账款的成本有机会成本、管理成本、坏账损失成本和现金折扣成本。

企业信用政策主要包括信用标准、信用条件和收账政策三部分内容。

信用标准是企业同意向顾客提供商业信用所要求的最低标准。信用标准通常以预计的坏账损失率来表示。

信用条件是指企业要求客户支付货款所提出的付款要求和条件，主要包括信用期限、折扣期限及现金折扣等。

收账政策是指企业对各种逾期应收账款所采取的对策、措施以及准备为此而付出代价的策略。

存货是指企业在生产经营过程中为销售或者耗用而储备的物资。在企业的流动资产中，存货所占比重较大，存货运用状况的好坏，对企业的财务状况有很大影响。为了避免存货投资过大导致投资成本增加，或者出现存货短缺造成生产经营过程中断，影响企业的盈利能力，必须认真加强对存货的规划和控制。存货管理是企业财务管理中一项经常性的工作。

存货的功能主要有保证生产、满足销售及预防功能。存货的成本一般有进货成本、储存成本和缺货成本。

存货的控制方法主要有存货经济批量控制法、存货储存期控制法和 ABC 分类控制法。

流动负债有三种主要来源：短期借款、商业信用和应付款项（包括应付账款和应计账款），各种来源具有不同的获取速度、灵活性、成本和风险。

三、主要公式

1. 存货模式下的最佳现金持有量：

$$Q=\sqrt{\frac{2TF}{K}}$$

T 为特定时期内的现金总需求量；F 为每次转换有价证券的转换成本；Q 为最佳现金持有量；K 为有价证券利息率；

2. 存货模式下最佳现金持有量对应的相关总成本：

$$TC=\sqrt{2TFK}$$

TC 为总成本（机会成本与转换成本之和）；

3. 存货模式下有价证券交易次数：

$$有价证券交易次数=\frac{T}{Q}=\sqrt{\frac{TK}{2F}}$$

4. 应收账款的机会成本：

= 维持赊销业务所需要的资金 × 资金成本率

5. 应收账款维持赊销业务所需要的资金：

= 应收账款平均余额 × 变动成本 ÷ 销售收入

= 应收账款平均余额 × 变动成本率

= 赊销收入净额 × 变动成本率 ÷ 应收账款周转率

6. 存货经济进货批量：

$$Q=\sqrt{2AB/C}$$

7. 存货经济进货批量的总成本：

$$TC=\sqrt{2ABC}$$

8. 存货经济进货批量的平均占用资金：

$$W=QP/2$$

9. 存货年度最佳进货批次：

$$N=A/Q$$

Q 为经济进货批量；A 为某种存货年度计划进货总量；B 为平均每次进货费用；C 为单位存货年度储存成本；P 为采购单价。

10. 存货储存期控制法：

$$存货保本储存天数=\frac{(毛利-固定储存费用-销售税金及附加)}{每日变动储存费用}$$

$$存货保利储存天数=\frac{(毛利-固定储存费用-销售税金及附加-目标利润)}{每日变动储存费用}$$

获利或亏损额 = 每日变动储存费用 ×（保本储存天数 - 实际储存天数）

11. 放弃现金折扣的信用成本率：

= 折扣 ÷（1 - 折扣率）× 360 ÷（信用期 - 折扣期）

四、主要工作任务

序 号	典型工作任务
1	确定最佳现金持有量
2	制定信用政策
3	选择信用条件
4	确定存货经济批量
5	存货储存期控制法应用
6	管理流动负债

职业判断训练

一、单选题

1. 不属于流动资产特点的是（　　）。
   A. 形态的变动性　　B. 数量波动大
   C. 获利能力强　　D. 投资回收期短
2. 在一定范围内，下列不随现金持有量变动而变动的成本是（　　）。
   A. 机会成本　　B. 管理成本
   C. 短缺成本　　D. 转换成本
3. 下列项目中属于持有现金机会成本的是（　　）。
   A. 现金管理人员的工资　　B. 现金安全措施费用
   C. 现金被盗损失　　D. 现金的再投资收益
4. 在确定最佳现金持有量时，成本分析模式和存货模式均需考虑的因素是（　　）。
   A. 持有现金的机会成本　　B. 固定性转换成本
   C. 现金短缺成本　　D. 现金保管成本
5. 某企业全年需用某种材料 2 400 吨，每次订货成本为 400 元，每吨材料年储存成本 12 元，则每年最佳订货次数是（　　）次。
   A. 12　　B. 6
   C. 3　　D. 4
6. 下列有关现金的成本中，属于固定成本性质的是（　　）。
   A. 现金管理成本　　B. 占有现金的机会成本
   C. 交易成本中的委托买卖佣金　　D. 现金短缺成本

7. 企业现金收支状况比较稳定，全年的现金需要量为200 000元，每次转换有价证券的固定成本为400元，有价证券的年利率为10%，则达到最佳现金持有量的全年转换成本是（　　）元。

A. 10 000　　B. 20 000
C. 30 000　　D. 40 000

8. 对应收账款信用期限的叙述，正确的是（　　）。

A. 信用期限越长，企业坏账风险越小
B. 信用期限越长，表明客户享受的信用条件越优越
C. 延长信用期限，不利于销售收入的扩大
D. 信用期限越长，应收账款的机会成本越低

9. 在存在商业折扣的情况下，与经济进货批量无关的成本有（　　）。

A. 储存成本　　B. 购置成本
C. 进货成本　　D. 资金成本

10. 信用评价的“5C”系统中，条件是指（　　）。

A. 在短期和长期内可供使用的财务资源
B. 指顾客拒付款项或无力支付款项时能被用作抵押的资产条件
C. 指企业流动资产的数量和质量以及与流动负债的比例条件
D. 顾客的信誉条件，即履行偿债义务的可能性

二、多选题

1. 企业持有现金的动机有（　　）。

A. 交易动机　　B. 预防动机
C. 投资动机　　D. 投机动机

2. 企业持有现金的成本通常包括（　　）。

A. 机会成本　　B. 管理成本
C. 转换成本　　D. 短缺成本

3. 确定最佳现金持有量的存货模式考虑的成本主要是（　　）。

A. 机会成本　　B. 管理成本
C. 短缺成本　　D. 转换成本

4. 为了加强企业现金的支出管理，企业可运用的策略有（　　）。

A. 力争现金流量同步　　B. 加速收款
C. 合理使用现金“浮游量”　　D. 推迟应付款的支付

5. 构成企业信用政策的主要内容是（　　）。

A. 信用标准　　B. 信用条件
C. 信用期限　　D. 收账政策

6. 在存货的ABC管理中，对存货进行划分的标准有（　　）。

A. 存货的金额　　B. 存货的类别
C. 存货的大小　　D. 存货的品种数量

7. 利用成本分析模式确定最佳现金持有量时，不予考虑的因素是（　　）。

A. 持有现金的机会成本　　B. 现金短缺成本

C. 现金与有价证券的转换成本　　D. 管理成本

8. 下列各项中，属于应收账款管理成本的是（　　）。

A. 坏账损失　　B. 收账费用

C. 客户信誉调查费　　D. 应收账款占用资金的应计利息

9. 存货成本包括（　　）。

A. 购置成本　　B. 订货成本

C. 储存成本　　D. 缺货成本

10. 与经济订货批量决策相关的成本是（　　）。

A. 变动订货成本　　B. 变动储存成本

C. 缺货成本　　D. 购置成本

三、判断题

1. 为保证企业生产经营所需现金，企业持有的现金越多越好。（　　）

2. 只要花费必要的收账费用，积极做好收账工作，坏账损失是完全可以避免的。（　　）

3. 加速收款是企业提高现金使用效率的重要策略之一，因此，企业要努力把应收账款降低到最低水平。（　　）

4. 订货点的高低对经济订货批量不产生影响，对订货次数也没影响。（　　）

5. 实行数量折扣的经济订货批量决策时，存货购置成本是决策相关成本。（　　）

6. 能够使企业的订货成本、储存成本和缺货成本之和最低的进货批量，便是经济订货批量。（　　）

7. 赊销是扩大销售的有力手段之一，企业应尽可能放宽信用条件，增加赊销量。（　　）

8. 应收账款管理的总体评价指标主要运用应收账款周转率和周转天数。（　　）

9. 制定合理的信用政策，是加强应收账款管理、提高应收账款效益的前提条件。（　　）

10. 一般来讲，当某种存货品种数量比重达到70%左右时，可将其划为A类存货，进行重点管理和控制。（　　）

职业技能训练

一、计算分析题

1. 某企业现金收支状况比较稳定，预计全年（按360天计算）需要现金150 000元，现金与有价证券转换成本为每次300元，有价证券的年利率为10%。

要求：

(1) 计算企业最佳现金持有量。

(2) 计算最佳现金持有量下的机会成本、转换成本、有价证券的交易次数及交易间隔期。

2. 某企业有四种现金持有方案，各方案有关成本资料如表 5－1 所示：

表 5－1　各方案现金持有成本表　单位：元

项目＼方案	甲	乙	丙	丁
现金持有量	30 000	40 000	50 000	60 000
机会成本率	8%	8%	8%	8%
短缺成本	3 000	1 000	500	0
管理成本	2 000	2 000	2 000	2 000

要求：计算该企业的最佳现金持有量。

3. 某公司预测的年度（按 360 天计算）赊销额为 3 000 000 万元，应收账款平均收账天数为 60 天，变动成本率为 60%，资金成本为 10%。

要求：试计算该企业应收账款的机会成本。

4. 某公司由于目前的收账政策过于严厉，不利于扩大销售，且收账费用较高，该公司正在研究修改现行的收账政策。现有甲和乙两个放宽收账政策的备选方案，有关数据如表 5－2 所示：

表 5－2　各方案信用情况表　单位：元

项　目	现行收账政策	甲方案	乙方案
年销售额（万元/年）	2 400	2 600	2 700
收账费用（万元/年）	40	20	10
所有账户的平均收账期	2 个月	3 个月	4 个月
所有账户的坏账损失率	2%	2.5%	3%

已知该公司的变动成本率为 80%，资金成本率为 10%。坏账损失率是指预计年度坏账损失和销售额的百分比。假设不考虑所得税的影响。

要求：通过计算分析是否改变现行的收账政策？如果要改变，应选择甲方案还是乙方案？

5. 某企业甲材料的年需要量为 16 000 千克，每千克标准价为 20 元。企业规定：客户每批购买量不足 1 000 千克的，按照标准价格计算；每批购买量 1 000 千克以上的，2 000 千克以下的，价格优惠 2%；每批购买量 2 000 千克以上的，价格优惠 3%。已知每批进货费用 600 元，单位材料的年储存成本 30 元。

要求：按经济进货批量基本模型确定经济进货批量。

6. 某商品流通企业批进批出一批商品共 500 件，该商品单位进价 500 元（不含增值税），单位售价为 550 元（不含增值税），经销该批商品的一次性费用为 5 000 元。已知该商品的进货款来自于银行贷款，年利率为 9%，商品的月保管费用率为 3‰，流转环节的税金及附加为 2 500 元。1 年按 360 天计算。

要求：

(1) 计算该批商品的保本储存天数。

(2) 如果企业要求获得目标利润 8 750 元，计算该批商品的保利期天数。

(3) 如果该批商品超过保利期 10 天后售出，计算该批商品的实际获利额。

(4) 如果该批商品超过保本期 1 天后售出，计算该批商品的实际亏损额。

二、综合题

1. 某企业预测 2013 年销售收入净额为 4 500 万元，现销与赊销比例为 1:4，应收账款平均收账天数为 60 天，变动成本率为 50%，企业的资金成本率为 10%。1 年按 360 天计算。

要求：

(1) 计算 2013 年赊销额。

(2) 计算 2013 年应收账款平均余额。

(3) 计算 2013 年应收账款占用资金。

(4) 计算 2013 年应收账款的机会成本。

(5) 若 2013 年应收账款需要控制在 400 万元，在其他因素不变的条件下，应收账款平均收账天数应调整为多少天？

2. 某企业共有 20 种存货，共占用资金 99 万元，具体情况见表 5－3 所示：

表 5－3　企业存货占用资金情况表

存货品种	占用资金额（元）	存货品种	占用资金额（元）
101	76 000	201	5 250
102	385 000	202	11 500
103	62 000	203	41 000
104	3 500	204	9 000
105	6 750	205	10 500
106	12 000	206	2 000
107	2 250	207	305 000
108	3 000	208	6 500
109	15 000	209	21 000
110	10 000	210	2 750

要求：对该企业的存货按 ABC 管理法进行分类。

三、案例分析题

（一）企业应收账款管理示例

背景与情境：某企业 2012 年 A 产品销售收入为 4 000 万元，总成本为 3 000 万元，其中固定成本为 600 万元。

2013 年该企业有两种信用政策可供选用：

甲方案给予客户 60 天信用期限（N/60），预计销售收入为 5 000 万元，货款将于第 60 天收到，其信用成本为 140 万元；

乙方案的信用政策为（2/10，1/20，N/90），预计销售收入为 5 400 万元，将有 30% 的货款于第 10 天收到，20% 的货款于第 20 天收到，其余 50% 的货款于第 90 天收到（前两部分不会产生坏账，后一部分货款的坏账损失率为该部分货款的 4%），收账费用为 50 万元。

该企业 A 产品销售额的相关范围为 3 000 万元 ~ 6 000 万元，企业的资金成本率为 8%（为简化计算，本题不考虑增值税因素）。

问题：

1. 计算该企业 2013 年的下列指标：

（1）变动成本总额；

（2）以销售收入为基础计算的变动成本率。

2. 计算乙方案的下列指标：

（1）应收账款的平均收账天数；

（2）应收账款平均余额；

（3）维持应收账款所需资金；

（4）应收账款机会成本；

（5）坏账成本；

（6）采用乙方案的信用成本。

3. 计算以下指标：

（1）甲方案的现金折扣；

（2）乙方案的现金折扣；

（3）甲、乙两方案信用成本前收益之差；

（4）甲、乙两方案信用成本后收益之差。

4. 为该企业作出采取何种信用政策的决策，并说明理由。

（二）是否放弃现金折扣的信用决策示例

背景与情境：经纬公司经常性地向大洋公司购买原材料，大洋公司开出的付款条件为“2/10，N/30”。某天，经纬公司的财务经理张扬查阅公司关于此项业务的会计账目，惊讶地发现，会计人员对此项交易的处理方式是，一般在收到货物后 15 天支付款项。当张扬询问记账的会计人员为什么不取得现金折扣时，负责该项交易的会计不假思索地回答道，“这一交易的资金成本仅为 2%，而银行贷款成本却为 12%，因此根本没有必要接受现金折扣”。

问题：

1. 会计人员在财务概念上混淆了什么？

2. 丧失现金折扣的实际成本有多大？

3. 如果经纬公司无法获得银行贷款，而被迫使用商业信用资金（即利用推迟付款商业信用筹资方式），为降低年利息成本，你应向财务经理张扬提出何种建议？

参考答案与提示

职业判断训练

一、单选题

1. C　2. B　3. D　4. A　5. B　6. A　7. D　8. B
9. D　10. C

二、多选题

1. ABD　2. ABCD　3. AD　4. ABCD　5. ABD　6. AD
7. CD　8. BC　9. ABCD　10. ABCD

三、判断题

1. ×　2. ×　3. ×　4. √　5. √　6. √　7. √　8. √
9. √　10. ×

职业技能训练

一、计算分析题

1.

（1）$Q=\sqrt{\dfrac{2\times 150\ 000\times 300}{10\%}}=30\ 000$（元）

（2）机会成本 $=\dfrac{30\ 000}{2}\times 10\%=1\ 500$（元）

转换成本 $=\dfrac{150\ 000}{30\ 000}\times 300=1\ 500$（元）

交易次数 $=\dfrac{150\ 000}{30\ 000}=5$（次）

交易间隔期 $=\dfrac{360}{5}=72$（天）

2.

表 5－4　各方案最佳现金持有量计算表　单位：元

方案	机会成本	短缺成本	管理成本	合计
甲	30 000 × 8% = 2 400	3 000	2 000	7 400
乙	40 000 × 8% = 3 200	1 000	2 000	6 200
丙	50 000 × 8% = 4 000	500	2 000	6 500
丁	60 000 × 8% = 4 800	0	2 000	6 800

通过表 5 -4 分析可知，乙方案的总成本最低，因此企业持有现金 40 000 元是最佳持有量。

3. 机会成本 $=\frac{3\ 000\ 000}{360}\times 60\times 60\%\times 10\%=30\ 000$（元）

4. 计算结果如表 5 -5 所示：

表 5 -5　　各方案信用政策计算表　　单位：元

项　　目	现行收账政策	方案甲	方案乙
年销售额	2 400	2 600	2 700
毛利（信用成本前收益）	480	520	540
平均应收账款	400	650	900
应收账款投资应计利息	400 × 0.8 × 10% = 32	650 × 0.8 × 10% = 52	900 × 0.8 × 10% = 72
坏账费用	2 400 × 2% = 48	2 600 × 2.5% = 65	2 700 × 3% = 81
收账费用	40	20	10
信用成本后收益	360	383	377

因此，应采纳甲方案。

5. $Q=\sqrt{2\times 16\ 000\times \frac{600}{30}}=800$（千克）

每次进货 800 千克时的存货相关总成本：

$16\ 000\times 20+\frac{16\ 000}{800}\times 600+\frac{800}{2}\times 30=344\ 000$（元）

每次进货 1 000 千克时的存货相关总成本：

$16\ 000\times 20+\times (1-2\%)+\frac{16\ 000}{1\ 000}\times 600+\frac{1\ 000}{2}\times 30=338\ 200$（元）

每次进货 2 000 千克时的存货相关总成本：

$16\ 000\times 20\times (1-3\%)+\frac{16\ 000}{2\ 000}\times 600+\frac{2\ 000}{2}\times 30=345\ 200$（元）

通过比较发现，每次进货为 1 000 千克时的存货相关总成本最低，所以此时最佳经济进货批量为 1 000 千克。

6.（1）保本天数

$[(550-500)\times 500-5\ 000-2\ 500]/[500\times 500\times (9\%/360+3‰/30)]=200$（天）

（2）保利天数

$[(550-500)\times 500-5\ 000-2\ 500-8\ 750]/[500\times 500\times (9\%/360+3‰/30)]=100$（天）

（3）超过保利期 10 天售出的实际获利额

$8\ 750-[(500\times 500\times (9\%/360+3‰/30))\times 10=7\ 875$（元）

（4）超过保本期 1 天售出的实际亏损为 87.5 元

二、综合题

1.（1）现销与赊销比例为 1∶4，所以现销额 = 赊销额/4，即赊销额 + 赊销额/4 = 4 500，所以赊销额 = 3 600（万元）

(2) 应收账款的平均余额

=日赊销额×平均收账天数

=3 600/360×60=600（万元）

(3) 应收账款占用资金=应收账款的平均余额×变动成本率=600×50%=300（万元）

(4) 应收账款的机会成本

=应收账款占用资金×资金成本率=300×10%=30（万元）

(5) 应收账款的平均余额=日赊销额×平均收账天数=3 600/360×平均收账天数=400，所以平均收账天数=40（天）

2. 首先，计算每一种存货占全部存货的资金占用额百分比；然后，按存货资金占用额大小排序并累加金额百分比，根据金额百分比划分出ABC三类存货，计算过程见表5-6所示：

表5-6　企业存货ABC分类管理计算表

存货品种	占用资金额（元）	每种存货的资金占用额百分比（%）	累加金额百分比（元）	存货类别	各类存货占用资金的		各类存货所占的	
					金额（元）	比例（%）	金额（元）	比例（%）
102	385 000	38.89	38.89	A类	690 000	69.70	2	10.00
207	305 000	30.81	69.70					
101	76 000	7.68	77.37	B类	200 000	20.20	4	20.00
103	62 000	6.26	83.64					
203	41 000	4.14	87.78					
209	21 000	2.12	89.90					
109	15 000	1.52	91.41	C类	100 000	10.10	14	70.00
106	12 000	1.21	92.63					
202	11 500	1.16	93.79					
205	10 500	1.06	94.85					
110	10 000	1.01	95.86					
204	9 000	0.91	96.77					
105	6 750	0.68	97.45					
208	6 500	0.66	98.11					
201	5 250	0.53	98.64					
104	3 500	0.35	98.99					
108	3 000	0.30	99.29					
210	2 750	0.28	99.57					
107	2 250	0.23	99.80					
206	2 000	0.20	100.00					
合计	990 000	100.00			990 000	100.00	20	100.00

对于A类存货按品种重点管理，应经常检查库存，严格管理，科学地制定其资金定额并按经济批量模型进行合理进货。对于C类存货按总额灵活掌握，不必严加控制，一次进货可以适当多些，待发现存量已经不多时再次进货即可。对于B类存货分类一般控制，采取比较严格的管理，可根据实际情况采取灵活措施。

三、案例分析题

（一）

1.

（1）变动成本总额 $=3\ 000-600=2\ 400$（万元）

（2）以销售收入为基础计算的变动成本率 $=2\ 400/4\ 000\times100\%=60\%$

2.

（1）应收账款平均收账天数 $=10\times30\%+20\times20\%+90\times50\%=52$（天）

（2）应收账款平均余额 $=5\ 400\times52/360=780$（万元）

（3）维持应收账款所需资金 $=780\times60\%=468$（万元）

（4）应收账款机会成本 $=468\times8\%=37.44$（万元）

（5）坏账成本 $=5\ 400\times50\%\times4\%=108$（万元）

（6）采用乙方案的信用成本 $=37.44+108+50+43.2=238.64$（万元）

3.

（1）甲方案的现金折扣 $=0$

（2）乙方案的现金折扣 $=5\ 400\times30\%\times2\%+5\ 400\times20\%\times1\%=43.2$（万元）

（3）甲、乙方案信用成本前收益之差

$=5\ 000\times(1-60\%)-5\ 400\times(1-60\%)=-160$（万元）

（4）甲、乙方案信用成本后收益之差

$=(-160)-(140-238.64)=-61.36$（万元）

4. 因为乙方案信用成本后收益大于甲方案，所以应选用乙方案。

（二）1. 会计人员混淆了资金的5天使用成本与1年的使用成本，必须将时间长度转化一致，这两种成本才具有可比性。

2. $[2\%/(1-2\%)]\times[360/(30-10)]=36.7\%$

3. 假如公司被迫必须使用推迟付款方式，则应在购货后30天付款，并非15天付款，因为15天付款和30天付款的金额是一样的，考虑货币的时间价值应尽量晚支付。

学习情境六 筹资策划

知识与技能回顾

一、内容结构

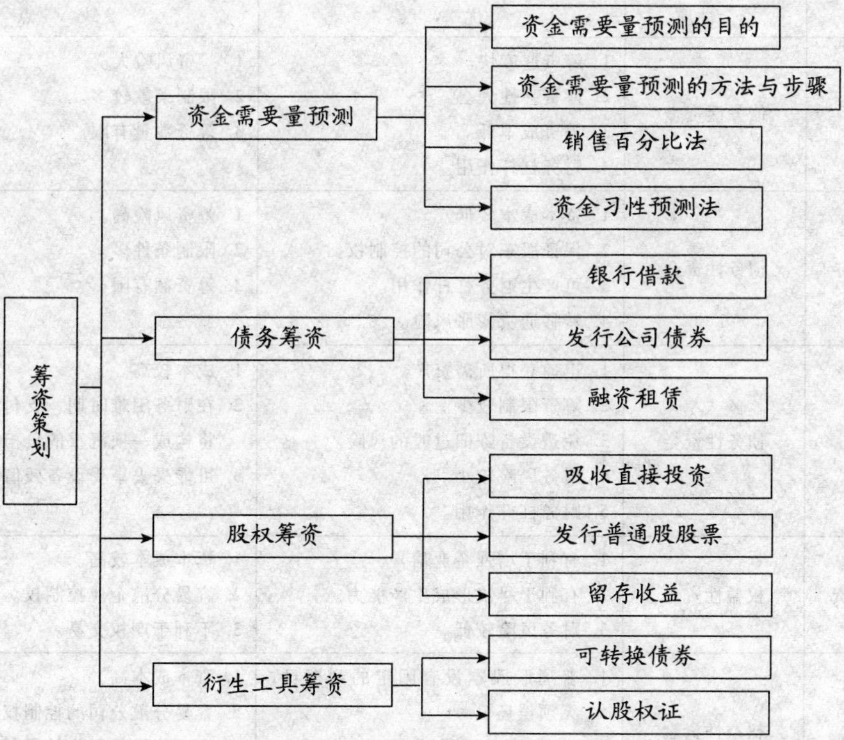

图 6－1　学习情境六内容结构图

二、内容提要

企业筹资是指企业根据其生产经营、对外投资及调整资本结构的需要，通过一定的渠道，采取适合的筹资方式，经济有效地筹集资本的财务活动。

企业资金需要量的预测方法主要有：定性预测法和定量预测法两种。

定性预测法是根据调查研究所掌握的情况和数据资料，凭借预测人员的知识和经验，对资金需要量所作的判断。这种方法一般不能提供有关事件确切的定量概念，而主要是定性地估计某一事件的发展趋势、优劣程度和发生的概率。定性预测是否正确，完全取决于预测者的知识和经验。在进行定性预测时，虽然要汇总各方面人士的意见和综合地说明财务问题，但也需将定性的财务资料进行量化，这并不改变这种方法的性质。定性预测主要是根据经济理论和实际情况进行理性地、逻辑地分析和论证，以定量方法作为辅助；一般在缺乏完整、准确的历史资料时采用。

定量预测法是指以资金需要量与有关因素（如销售额）的关系为依据，在掌握大量历史资料的基础上选用一定的数学方法加以计算，并将计算结果作为预测的一种方法。这种方法预测的结果科学而准确，有较高的可行性，但计算较为复杂，要求具有完备的历史资料。定量预测法常用的方法有销售百分比法和资金习性预测法。

筹资方式是企业筹措资金所采取的具体形式。各种筹资方式比较见表6－1所示：

表6－1　　筹资方式对比分析一览表

筹资方式	资金性质	优　点	缺　点
银行存款	债务性资金	1. 筹资速度快。 2. 筹资弹性大。 3. 筹资成本低。 4. 财务杠杆作用。	1. 筹资风险大。 2. 限制条款较多。 3. 筹资数量有限。
发行公司债券	债务性资金	1. 资本成本较低。 2. 保证股东对公司的控制权。 3. 可产生财务杠杆作用。 4. 转移通货膨胀风险。	1. 筹资风险高。 2. 限制条件多。 3. 筹资额有限。
融资租赁	债务性资金	1. 迅速获得所需资产。 2. 筹资限制较少。 3. 免遭设备陈旧过时的风险。 4. 财务风险较小。 5. 财务杠杆作用。	1. 成本较高。 2. 在财务困难时期，支付固定的租金也将构成一项沉重的负担。 3. 可能失去享受设备残值收益的机会。
吸收直接投资	权益性资金	1. 有利于增强企业信誉。 2. 有利于尽快形成生产能力。 3. 财务风险较低。	1. 资本成本较高。 2. 容易分散企业控制权。 3. 不利于产权交易。
发行普通股	权益性资金	1. 普通股股本没有固定的到期日，无须偿还。 2. 没有固定的股利负担。 3. 提高公司信誉，增强举债能力。	1. 资本成本高。 2. 容易分散公司的控制权。 3. 有可能导致股价的下跌。

续表

筹资方式	资金性质	优点	缺点
利用留存收益	权益性资金	1. 资本成本较普通股低。 2. 不会分散公司控制权。 3. 增强企业信誉。	1. 筹资数额有限。 2. 资金使用受制约。
发行可转换债券	混合性资金	1. 筹资灵活。 2. 资本成本低。	1. 存在不转换的财务压力。 2. 股价大幅度上扬风险。
发行认股权证	混合性资金	1. 筹集额外资金。 2. 促进其他筹资方式的运用。	1. 稀释每股收益。 2. 容易分散企业控制权。

三、主要公式

1. 销售百分比法预计外部筹资额：

$$=\frac{(A-B)}{S_0}\times \Delta S-S_1\times P\times(1-E)$$

A 为随销售变化的资产；B 为随销售变化的负债；S_0 为基期销售额；S_1 为预测期销售额；ΔS 为销售的变动额；P 为销售净利率；E 为股利支付率。

2. 回归直线法中的不变资金和变动资金：

$$a=\frac{\sum y-b\sum x}{n}$$

$$b=\frac{n\sum xy-\sum x\sum y}{n\sum x^2-(\sum x)^2}$$

3. 高低点法中的不变资金和变动资金：

$$b=\frac{最高收入期资金需要量-最低收入期资金需要量}{最高销售收入-最低销售收入}$$

$$a=最高收入期资金占用量-b\times 最高销售收入$$

四、主要工作任务

序　号	典型工作任务
1	预测资金需要量
2	债务筹资策划
3	股权筹资策划
4	衍生工具筹资策划

职业判断训练

一、单选题

1. 用资金习性法预测资金需要量的理论依据是（　　）。

A. 资金需要量与业务量间的对应关系

B. 资金需要量与投资间的对应关系

C. 资金需要量与筹资方式间的对应关系

D. 长短期资金间的比例关系

2. 下列各项中，能够引起企业自有资金增加的筹资方式是（　　）。

A. 吸收直接投资　　B. 发行公司债券

C. 利用商业信用　　D. 留存收益转增资本

3. 相对于银行借款筹资而言，股票筹资的特点是（　　）。

A. 筹资速度快　　B. 筹资成本高

C. 弹性好　　D. 财务风险大

4. 关于认股权证表述错误的是（　　）。

A. 认股权证是一种融资促进工具

B. 认股权证有助于改善上市公司的治理结构

C. 作为激励机制的认股权证有利于推进上市公司的股权激励机制

D. 认股权证是一种拥有股权的证券

5. 认股权证按允许购买股票的期限可分为长期认股权证和短期认股权证，其中长期认股权证期限通常超过（　　）。

A. 60 天　　B. 90 天

C. 180 天　　D. 360 天

6. 如果用认股权证购买普通股，则股票的购买价格一般（　　）。

A. 高于普通股市价　　B. 低于普通股市价

C. 等于普通股市价　　D. 等于普通股价值

7. 下列各项中，属于“吸收直接投资”与“发行普通股”筹资方式相比的缺点有（　　）。

A. 限制条件多　　B. 财务风险大

C. 控制权分散　　D. 资本成本高

8. 相对于债务筹资方式而言，采用吸收直接投资方式筹资的优点是（　　）。

A. 有利于降低资本成本　　B. 有利于集中企业控制权

C. 有利于降低财务风险　　D. 有利于发挥财务杠杆作用

9. 某公司发行可转换债券，每张面值 10 000 元，转换比率为 20，则该可转换债券的转换价格为（　　）。

A. 20　　B. 50

C. 30　　D. 25

10. 相对于借款购置设备而言，融资租赁设备的主要缺点是（　　）。
A. 获得资产速度较慢　B. 资本成本较高
C. 到期还本负担重　D. 设备淘汰风险大

二、多选题

1. 吸收直接投资的种类包括（　　）。
A. 吸收国家投资　B. 吸收法人投资
C. 吸收外商直接投资　D. 吸收社会公众投资
2. 股票上市对公司的益处（　　）。
A. 便于筹措新资金　B. 集中公司的控制权
C. 信息披露成本低　D. 促进股票全流通和转让
3. 影响融资租赁每期租金的因素有（　　）。
A. 设备买价　B. 利息
C. 租赁手续费　D. 租金支付方式
4. 吸收直接投资相比较股票筹资的优点包括（　　）。
A. 有利于降低企业资本成本　B. 有利于产权交易
C. 能够尽快形成生产能力　D. 容易进行信息沟通
5. 下列属于可转换债券区别于普通债券特点的有（　　）。
A. 存在股价大幅度上扬风险
B. 利率低于普通债券，可节约支出
C. 可增强筹资灵活性
D. 若股价低迷，面临到期兑付债券本金的压力
6. 相对于普通股股东而言，优先股股东可以优先行使的权利有（　　）。
A. 优先认股权　B. 优先表决权
C. 优先分配股利权　D. 优先分配剩余财产权
7. 相对于股权筹资方式而言，长期借款筹资的缺点主要有（　　）。
A. 财务风险较大　B. 资本成本较高
C. 筹资数额有限　D. 筹资速度较慢
8. 可转换债券的优点有（　　）。
A. 可节约利息支出　B. 筹资效率高
C. 增强筹资灵活性　D. 股价大幅度上扬时，可增加筹资数量
9. 普通股股东的管理权主要表现为（　　）。
A. 经营者选择权　B. 财务监控权
C. 重大决策参与权　D. 收益分享权
10. 以下关于可转换债券的说法中，正确的有（　　）。
A. 转换价格越低，表明在既定的转换价格下能转换为普通股股票的数量越少
B. 设置赎回条款最主要的功能是强制债券持有者积极行使转股权
C. 设置赎回条款可以保护发行企业的利益
D. 设置回售条款可能会加大公司的财务风险

三、判断题

1. 企业按照销售百分比法预测出来的资金需要量，是企业在未来一定时期资金需要量的增量。（　）

2. 如果销售具有较强的周期性，则企业在筹集资金时不适宜过多采取负债筹资。（　）

3. 发行优先股的上市公司如不能按规定支付优先股股利，优先股股东有权要求公司破产。（　）

4. 融资租赁方式下，租赁期满，设备必须作价转让给承租人。（　）

5. 短期认股权证认购期限较短，一般在 1 年以下。（　）

6. 可转换债券的持有人在一定时期内，可以按规定的价格或一定比例自由地选择转换为普通股，可转换债券是一种混合型证券，是公司普通债券与证券期权的组合体。（　）

7. 如果公司资金有结余时，可提前赎回其发行的债券。（　）

8. 如果上市公司最近 1 个会计年度的财务报告被注册会计师出具无法表示意见或否定意见的审计报告，则该上市公司的股票交易将被交易所“特别处理”，股票名称将改为原股票名前加“ST”。（　）

9. 按中国证监会规则解释，作为战略投资者应该是与发行人具有合作关系或有合作意向和潜力，与发行公司业务联系紧密且欲长期持有发行公司股票的机构。（　）

10. 按照我国《公司法》规定，在企业成立时，不一定一次筹足资本金总额，但要规定首期出资的数额或比例及最后一期缴清资本的期限。（　）

职业技能训练

一、计算分析题

1. 某企业 2008 ~ 2012 年的产销量和资金需要数量见表 6 – 2 所示，若预测 2013 年的预计产销量为 7.8 万吨，试建立资金的回归直线方程，并预测 2013 年的资金需要量。

表 6 – 2　　某企业产销量与资金需要量表

年　度	产销量（X）（万吨）	资金需要量（Y）（万元）
2008	6.0	500
2009	5.5	475
2010	5.0	450
2011	6.5	520
2012	7.0	550

2. 某企业历史上现金占用与销售收入之间的关系如表 6－3 所示：

表 6－3 某企业现金占用—销售收入关系表

年 度	销售收入（元）	现金占用（元）
1	120 000	80 000
2	140 000	90 000
3	136 000	88 000
4	160 000	100 000
5	158 000	110 000

要求：

（1）采用高低点法计算每元销售收入占用变动资金和销售收入占用不变资金总额。

（2）当第 6 年的销售收入为 190 000 元时，预测其需要占用的现金数额。

3. 企业上年末的资产负债表（简表）如表 6－4 所示：

表 6－4 某企业资产负债表简表 单位：万元

项 目	期末数	项 目	期末数
流动资产合计	240	短期借款	46
		应付票据	18
		应付账款	25
长期投资净额	3	预付款项	7
		流动负债合计	96
固定资产合计	65	长期负债合计	32
无形资产及其他资产	12		
		股本	90
		资本公积	35
		留存收益	67
		股东权益合计	192
资产合计	320	负债及股东权益合计	320

根据历史资料考察，销售收入与流动资产、应付票据、应付账款和预付账款等项目成正比，企业上年度销售收入 4 000 万元，实现净利 100 万元，支付股利 60 万元。预计本年度销售收入 5 000 万元，由于收入增加预计需要新增一台设备，价值 40 万元。

要求采用销售百分比法进行预测：

（1）预计销售净利率、股利支付率与上年度相同时需要增加的资金数额以及需要从外部增加的融资额；

（2）预计销售净利率提高 3%，为稳定股价股利支付率仍为上年度的 60%，如果能从外部融资 20 万元，你认为是否可行？

4. 企业向租赁公司租入一台设备，价值 500 万元，合同约定租赁期满时残值 5 万元归承租人所有，租期为 5 年，租赁费综合率为 12%，若采用先付租金的方式，则平均每年支付的租金是多少？

5. 某企业于2012年1月1日从租赁公司租入一套设备，价值为300万元，租期5年，租赁期满时预计残值10万元，归租赁公司。年利率8.5%，租赁手续费率每年1.5%，合同约定租金每年年末支付一次。

要求：

（1）计算每年应支付的租金；

（2）编制租金摊销计划表，如表6－5所示。

表6－5　　某企业租金摊销计划表　　单位：元

年　份	期初本金	支付租金	应计租费	本金偿还额	本金余额
2012					
2013					
2014					
2015					
2016					
合计					

6. ABC公司2012年有关的财务数据如表6－6所示：

表6－6　　ABC公司财务数据　　单位：元

项　　目	金　　额	占销售收入的百分比
流动资产	4 000	100%
长期资产	2 600	无稳定关系
资产合计	6 600	
短期借款	600	无稳定关系
应付账款	400	10%
长期负债	1 000	无稳定关系
实收资本	3 800	无稳定关系
留存收益	800	无稳定关系
负债及所有者权益合计	6 600	
销售额	4 000	100%
净利润	200	5%
当年利润分配额	60	

要求：

假设该公司实收资本一直保持不变，计算回答以下互不关联的两个问题。

（1）假设2013年计划销售收入为5 000万元，需要补充多少外部融资（保持目前的利润分配率、销售净利率不变）？

（2）若利润留存率为100%，销售净利率提高到6%，目标销售额为4 500万元，需要筹集补充多少外部融资（保持其他财务比率不变）？

二、综合题

1. 某企业2012年12月31日的资产负债表（简表）如表6－7所示：

表 6-7　　资产负债表（简表）

2012 年 12 月 31 日　　单位：万元

资　　产	期末数	负债及所有者权益	期末数
货币资金	300	应付账款	300
应收账款净额	900	应付票据	600
存货	1 800	长期借款	2 700
固定资产净值	2 100	实收资本	1 200
无形资产	300	留存收益	600
资产合计	5 400	负债及所有者权益合计	5 400

该企业 2012 年的销售收入净额为 6 000 万元，销售净利率为 10%，净利润的 50% 分配给投资者。预计 2013 年销售收入净额比上年增长 25%，为此需要增加固定资产 200 万元，增加无形资产 100 万元，根据有关情况分析，企业流动资产项目和流动负债项目将随销售收入同比例增减。

假定该企业 2013 年的销售净利率和利润分配政策与上年保持一致，该年度长期借款不发生变化；2013 年年末固定资产净值和无形资产合计为 2 700 万元；2013 年企业需要增加对外筹集的资金由投资者增加投入解决。

要求：

（1）计算 2013 年需要增加的营运资金额。

（2）预测 2013 年需要增加对外筹集的资金额（不考虑计提法定盈余公积的因素；以前年度的留存收益均已有指定用途）。

（3）预测 2013 年年末的流动资产额、流动负债额、资产总额、负债总额和所有者权益总额。

2. 某公司 2008 年～2012 年各年产品销售收入分别为 2 000 万元、2 400 万元、2 600 万元、2 800 万元和 3 000 万元；各年年末现金余额分别为 110 万元、130 万元、140 万元、150 万元和 160 万元。在年度销售收入不高于 5 000 万元的前提下，存货、应收账款、流动负债、固定资产等资金项目与销售收入的关系如表 6-8 所示：

表 6-8　　资金需要量预测表

资金项目		年度不变资金（a）（万元）	每元销售收入所需变动资金（b）
流动资产	现金		
	应收账款净额	60	0.14
	存货	100	0.22
流动负债	应付账款	60	0.10
	其他应付款	20	0.01
固定资产净额		510	—

已知该公司 2012 年资金完全来源于自有资金（其中，普通股 1 000 万股，共 1 000 万元）和流动负债。预计公司 2013 年销售收入将在 2012 年基础上增长 40%，预计

2013 年销售净利率为10%，公司拟按每股0.22 元的固定股利进行利润分配，2013 年所需对外筹资部分可通过按面值发行 10 年期、票面利率为 10%、到期一次还本付息的公司债券予以解决，债券筹资费率为 2%，公司所得税税率为 25%。

要求：

（1）预计 2013 年净利润、应向投资者分配的利润以及留存收益。

（2）采用高低点法计算每元销售收入的变动资金和"现金"项目的不变资金。

（3）按 Y = a + bX 方程建立资金预测模型。

（4）预测该公司 2013 年资金需要总量及需新增资金量。

（5）计算债券发行总额和债券资本成本（一般模式）。

（6）计算填列该公司 2013 年预计资产负债表（表 6－9）中用字母表示的项目。

表 6－9　　预计资产负债表

2013 年 12 月 31 日　　单位：万元

资　　产	年末数	年初数	负债及所有者权益	年末数	年初数
现金	A	160	应付账款	480	360
应收账款净额	648	480	其他应付款	62	50
存货	1 024	760	应付债券	D	0
固定资产净值	510	510	股本	1 000	1 000
			留存收益	C	500
资产合计	B	1 910	负债及所有者权益合计	B	1 910

三、案例分析题

（一）企业筹资策划分析示例

背景与情境：甲、乙、丙三个企业的相关资料如下：

资料一：甲企业历史上现金占用与销售收入之间的关系如表 6－10 所示：

表 6－10　　现金与销售收入变化情况表　　单位：万元

年　度	销售收入	现金占用
2007	102 00	680
2008	10 000	700
2009	10 800	690
2010	11 100	710
2011	11 500	730
2012	12 000	750

资料二：乙企业 2012 年 12 月 31 日资产负债表（简表）如表 6－11 所示：

表 6－11　　乙企业资产负债表（简表）

2012 年 12 月 31 日　　单位：万元

资　产		负债和所有者权益	
现金	750	应付费用	1 500
应收账款	2 250	应付账款	750
存货	4 500	短期借款	2 750
固定资产净值	4 500	公司债券	2 500
		实收资本	3 000
		留存收益	1 500
资产合计	12 000	负债和所有者权益合计	12 000

该企业 2013 年的相关预测数据为：销售收入 20 000 万元，新增留存收益 100 万元；不变现金总额 1 000 万元，每元销售收入占用变动现金 0.05 元，其他与销售收入变化有关的资产负债表项目预测数据如表 6－12 所示：

表 6－12　　现金与销售收入变化情况表　　单位：万元

项　目	年度不变资金（a）	每元销售收入所需变动资金（b）
应收账款	570	0.14
存货	1 500	0.25
固定资产净值	4 500	0
应付费用	300	0.1
应付账款	390	0.03

资料三：丙企业 2012 年末总股本为 300 万股，该年利息费用为 500 万元，假定该部分利息费用在 2013 年保持不变，预计 2013 年销售收入为 15 000 万元，预计息税前利润与销售收入的比率为 12%。该企业决定于 2013 年初从外部筹集资金 850 万元。具体筹资方案有两个：

方案 1：发行普通股股票 100 万股，发行价每股 8.5 元。2012 年每股股利（D_0）为 0.5 元，预计股利增长率 5%。

方案 2：发行债券 850 万元，债券利率 10%，适用的所得税税率为 33%。

假定上述两方案的筹资费用均忽略不计。

问题：1. 根据资料一，运用高低点法测算甲企业的下列指标：

（1）每元销售收入占用变动现金总额；

（2）销售收入占用不变现金总额。

2. 根据资料二为乙企业完成下列任务：

（1）按步骤建立总资产需求模型；

（2）测算 2013 年资金需求总量；

（3）测算 2013 年外部筹资量。

3. 根据资料三为丙企业完成下列任务：

（1）计算 2013 年预计息税前利润；

（2）计算每股收益无差别点息税前利润；

（3）根据每股收益无差别点法作出最优筹资方案决策，并说明理由；

（4）计算方案1增发新股的资本成本。

（二）企业资金需要量预测分析示例

背景与情境：某企业2012年的实际销售收入为1 500万元，利润总额为45万元，所得税税率为25%，分配给股东的利润为13.5万元，2012年资产负债表见表6－13：

表6－13 某企业资产负债表 单位：万元

项目	金额	项目	金额
现金	7.5	应付账款	264
应收账款	240	应付票据	10.5
存货	261	短期借款	50
流动资产合计	508.5	长期负债	5.5
固定资产净值	29.5	负债合计	330
		实收资本	25
		留存收益	183
资产合计	538	负债及所有者权益合计	538

问题：1. 若预计2013年销售收入为1 800万元，流动资产、应付账款、应付票据与销售收入存在稳定百分比关系；预计2013年要新增添设备一台，价值10万元，若销售净利率与利润留存率不变，则2013年需从外部追加多少资金？

2. 若2013年所需从外部追加的资金全部用增加长期负债来解决，要求编制2013年预计的资产负债表（表6－14）。

表6－14 预计资产负债表

2013年12月31日 单位：万元

项目	金额	项目	金额
现金		应付账款	
应收账款		应付票据	
存货		短期借款	
流动资产合计		长期负债	
固定资产净值		负债合计	
		实收资本	
		留存收益	
资产合计		负债及所有者权益合计	

参考答案与提示

职业判断训练

一、单选题

1. A　2. A　3. B　4. D　5. B　6. B　7. D　8. C
9. B　10. B

二、多选题

1. ABCD　2. AD　3. ABCD　4. BC　5. ABC　6. CD　7. AC　8. ABC
9. ABC　10. BCD

三、判断题

1. √　2. √　3. ×　4. √　5. ×　6. √　7. ×　8. √
9. ×　10. √

职业技能训练

一、计算分析题

1.

表 6－15　　回归直线方程数据计算表

年　度	产销量（X）	资金需要量（Y）	XY	X^2
2008	6.0	500	3 000	36
2009	5.5	475	2 612.5	30.25
2010	5.0	450	2 250	25
2011	6.5	520	3 380	42.25
2012	7.0	550	3 850	49
n = 5	$\sum X = 30$	$\sum Y = 2\,495$	$\sum XY = 15\,092.5$	$\sum X^2 = 182.5$

代入联合方程：$\sum Y = na + b\sum X$

$\sum XY = a\sum X + b\sum X^2$

得：$2\,495 = 5a + 30b$

$15\,092.5 = 30a + 182.5b$

解方程得：$a = 205$（万元）

$b = 49$（万元/万吨）

所以：Y = 205 + 49X

2013 年的资金需要量 = 205 + 49 × 7.8 = 587.2（万元）

2.（1）高低点法是根据业务量的最高和最低两点资料来进行计算，所以本题选取第 1 年和第 4 年的数据。

b = (100 000 − 80 000)/(160 000 − 120 000) = 0.5

a = 80 000 − 120 000 × 0.5 = 20 000(元)

Y = 20 000 + 0.5X

(2)第 6 年的现金占用数额 = 20 000 + 0.5 × 190 000 = 115 000(元)

3.(1)①计算需要增加的资金数额：

流动资产销售百分比 = 240/4 000 = 6%

敏感负债销售百分比 = (18 + 25 + 7)/4 000 = 1.25%

需要增加的资金数额 = 6% × (5 000 − 4 000) + 40 − 1.25% × (5 000 − 4 000)
= 87.5（万元）

②需要从外部增加的融资额：

销售净利率 = 100/4 000 = 2.5%

利润留存率 = (100 − 60)/100 = 40%

预计留存收益增加额 = 5 000 × 2.5% × 40% = 50（万元）

外部融资额 = 87.5 − 50 = 37.5（万元）

(2) 预计留存收益增加额 = 5 000 × 3% × (1 − 60%) = 60（万元）

外部融资额 = 87.5 − 60 = 27.5 万元 > 20 万元，故不可行。

4. 先付租金 = 500/[(P/A,12%,4) + 1] = 123.85（万元）

5.（1）每年租金 = [300 − 10 × (P/F,10%,5)]/(P/A,10%,5) = 77.50（元）

(2)

表 6－16 租金摊销计划表 单位：元

年　份	期初本金①	支付租金②	应计租费 ③ = ① × 10%	本金偿还额 ④ = ② − ③	本金余额 ⑤ = ① − ④
2012	300.00	77.50	30.00	47.50	252.50
2013	252.50	77.50	25.25	52.25	200.25
2014	200.25	77.50	20.03	57.47	142.78
2015	142.78	77.50	14.28	63.22	79.56
2016	79.56	77.50	7.96	69.54	10.02
合计		387.50	97.52	289.98	10.02

6.（1）外部融资需求量 = 资产增长 − 负债增长 − 留存收益增长
= 1 000 × (100% − 10%) − 5 000 × 5% × 70% = 725（万元）

(2) 外部融资需求量 = 500 × (100% − 10%) − 4 500 × 6% × 100% = 180（万元）

二、综合题

1.（1）敏感资产销售百分比 = (300 + 900 + 1 800)/6 000 = 50%

敏感负债销售百分比＝(300＋600)/6 000＝15%

2013 年需要增加的营运资金额＝6 000×25%×(50%－15%)＝525（万元）

(2) 2013 年需要增加对外筹集的资金额＝525＋200＋100－6 000×(1＋25%)×10%×(1－50%)＝450（万元）

(3) 2013 年年末的流动资产＝(300＋900＋1 800)×(1＋25%)＝3 750（万元）

2013 年年末的流动负债＝(300＋600)×(1＋25%)＝1 125（万元）

2013 年年末的资产总额＝5 400＋200＋100＋(300＋900＋1 800)×25%＝6 450（万元）

因为题中说明企业需要增加对外筹集的资金由投资者增加投入解决，所以长期负债不变，即 2013 年年末的负债总额＝2 700＋1 125＝3 825（万元）

2013 年年末的所有者权益总额＝资产总额－负债总额＝6 450－3 825＝2 625（万元）

2. (1) 预计净利润＝3 000×(1＋40%)×10%＝420(万元)

预计向投资者分配利润＝1 000×0.22＝220（万元）

预计留存收益＝420－220＝200（万元）

(2) 每元销售收入的变动资金＝$\frac{160-110}{3\ 000-2\ 000}$＝0.05（元）

不变资金＝160－0.05×3 000＝10（万元）

(3) a＝10＋60＋100－(60＋20)＋510＝600（万元）

b＝0.05＋0.14＋0.22－(0.10＋0.01)＝0.3（元）

y＝600＋0.3X

(4) 资金需要总量＝600＋0.3×3 000×(1＋40%)＝1 860（万元）

需新增资金＝3 000×40%×0.3＝360（万元）

(5) 预计 2013 年的外部筹资额＝360－200＝160（万元）

所以发行债券总额＝160（万元）

债券成本＝$\frac{160\times10\%\times(1-25\%)}{160\times(1-2\%)}\times100\%=7.65\%$

(6) A＝a＋bx＝10＋0.05×3 000×(1＋40%)＝220（万元）

B＝220＋648＋1 024＋510＝2 402（万元）

D＝360－200＝160（万元）

C＝年初留存收益＋本年新增加留存收益＝500＋200＝700（万元）

表 6－17　　**预计资产负债表**

2013 年 12 月 31 日　　单位：万元

资　产	年末数	年初数	负债及所有者权益	年末数	年初数
现金	220	160	应付账款	480	360
应收账款净额	648	480	其他应付款	62	50
存货	1 024	760	应付债券	160	0
固定资产净值	510	510	股本	1 000	1 000
			留存收益	700	500
资产合计	2 402	1 910	负债及所有者权益合计	2 402	1 910

三、案例分析题

（一）

1. 首先判断高低点，2012 年销售收入最高，2008 年的销售收入最低，所以高点是 2012 年，低点是 2008 年。

（1）每元销售收入占用现金 =(750 - 700)/(12 000 - 10 000) = 0.025（元）

（2）销售收入占用不变现金总额 = 750 - 0.025 × 12 000 = 450（万元）

2. 测算的乙企业指标如下：

（1）销售收入占用不变资金总额 a = 1 000 + 570 + 1 500 + 4 500 - 300 - 390 = 6 880（万元）

每元销售收入占用变动资金 b = 0.05 + 0.14 + 0.25 - 0.1 - 0.03 = 0.31（万元）

所以总资金需求模型为 y = 6 880 + 0.31x

（2）2013 年资金需求总量 = 6 880 + 0.31 × 20 000 = 13 080（万元）

（3）2013 年外部筹资量 = 13 080 - 2 750 - 2 500 - 3 000 - 1 500 - 100 = 3 230（万元）

3.（1）2013 年预计息税前利润 = 15 000 × 12% = 1 800（万元）

（2）增发普通股方式下的股数 = 300 + 100 = 400（万股）

增发普通股方式下的利息 = 500（万元）

增发债券方式下的股数 = 300（万股）

增发债券方式下的利息 = 500 + 850 × 10% = 585（万元）

每股收益无差别点的 EBIT =(400 × 585 - 300 × 500)/(400 - 300) = 840（万元）

（3）决策结论：应选择方案 2

理由：由于 2013 年息税前利润 1 800 万元大于每股收益无差别点的息税前利润 840 万元。

（4）增发新股的资本成本 = 0.5 ×(1 + 5%)/8.5% + 5% = 11.18%

（二）

1. 敏感资产销售百分比 = 508.5/1 500 = 33.9%

敏感负债销售百分比 =(264 + 10.5)/1 500 = 18.3%

增加的销售收入 = 1 800 - 1 500 = 300（万元）

2012 年的销售净利率 = 45 ×(1 - 25%)/1 500 = 2.25%

2012 年的利润留存比率 =[45 ×(1 - 25%) - 13.5]/[45 ×(1 - 25%)] = 60%

2013 年追加的外部筹资额 =(33.9% × 300 + 10) - 18.3% × 300 - 1 800 × 2.25% × 60% = 32.5（万元）

2.

表 6 - 18　　2013 年的预计资产负债表

项　目	金　额	项　目	金　额
现金	7.5 + 300 × 7.5/1 500 = 9	应付账款	264 + 300 × 264/1 500 = 316.8
应收账款	240 + 300 × 240/1 500 = 288	应付票据	10.5 + 300 × 10.5/1 500 = 12.6

续表

项　目	金　额	项　目	金　额
存货	261 + 300 × 261/1 500 = 313.2	短期借款	50
流动资产合计	610.2	长期负债	5.5 + 32.5 = 38
固定资产净值	29.5 + 10 = 39.5	负债合计	417.4
		实收资本	25
		留存收益	183 + 24.3 = 207.3
资产合计	649.7	负债及所有者权益合计	649.7

学习情境七
资金成本与资本结构优化

知识与技能回顾

一、内容结构

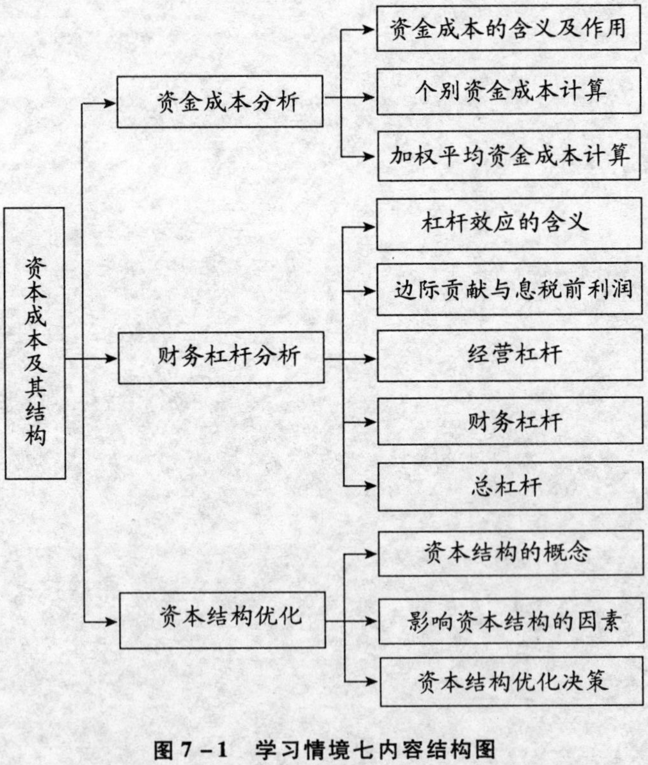

图7－1　学习情境七内容结构图

二、内容提要

资金成本是筹集和使用资金付出的代价，包括筹资费用和用资费用。用资费用是指企业为使用资金而付出的代价，其特点是分次支付，且数额较大。筹资费用是指企业在筹资阶段而支付的代价，其特点是一次性支付，且数额小。资金成本是进行资本结构决策的依据、投资决策的重要依据和评价企业经营业绩的重要依据。资金成本计算包括个别资金成本和加权平均资金成本计算。个别资金成本是指使用各种长期资金的成本，主要有长期借款成本、债券成本、优先股成本、普通股成本和留存收益成本等。加权平均资金成本是企业全部长期资金的总成本，通过对个别资本成本进行加权平均确定的。

边际贡献是指销售收入减去变动成本后的差额。边际贡献也是一种利润。息税前利润是不扣利息和所得税之前的利润。

经营杠杆是指企业在生产经营中由于固定成本的存在和相对稳定而引起的息税前利润变动幅度大于销售变动幅度的杠杆效应。经营杠杆系数是企业息税前利润变动率与销售变动率之间的比率。经营杠杆系数越高，企业的经营风险就越大。财务杠杆是由于债务存在而引起普通股每股收益变动幅度超过息税前利润变动幅度的杠杆效应。财务杠杆系数是指普通股每股收益的变动率相当于息税前利润变动率的倍数。财务杠杆系数越大，财务风险也越大。总杠杆是由于固定生产经营成本和固定财务费用的共同存在而导致的每股利润变动大于产销量变动的杠杆效应。总杠杆系数是指每股利润变动率相当于业务量变动率的倍数。总杠杆系数越大，总风险越大。

资本结构是指企业各种资金的构成及其比例关系。资本结构是企业筹资决策的核心问题。资本结构的影响因素主要有八个方面：①企业销售的增长情况；②企业所有者和管理人员的态度；③企业的盈利能力和财务状况；④资产结构；⑤贷款人和信用评估机构的影响；⑥行业因素；⑦所得税税率的高低；⑧市场利率的变动趋势。

最优资本结构是指在一定条件下（适度财务风险），使企业加权平均资金成本最低、企业价值最大的资本结构。若企业现有资本结构不合理，则应通过筹资活动进行调整，使其趋于合理化。资本结构决策的方法主要有：每股收益无差别点分析法和比较资本成本法。

每股收益无差别点分析法是通过分析资本结构与每股收益之间的关系，进而来确定合理的资本结构。一般来说，能提高每股收益的资本结构是合理的，反之则不够合理。每股收益的高低不仅仅受资本结构的影响，还受到未来盈利能力的影响，企业盈利能力，一般用息税前利润（EBIT）表示。所谓每股收益无差别点，是指每股收益不受筹资方式影响的息税前利润水平，或者说，是使不同的资本结构每股利润相等的息税前利润水平。比较资本成本法是通过计算不同筹资方案的加权平均资金成本，从中选出加权平均资金成本最低的方案为最佳资本结构方案的方法。

三、主要公式

1. 长期借款成本：

$$K_L=\frac{I_L(1-T)}{L(1-f)}\times100\%=\frac{R_L(1-T)}{(1-f)}\times100\%$$

2. 债券资金成本：

$$K_b = \frac{I_b(1-T)}{B(1-f)} \times 100\%$$

3. 优先股资金成本：

$$K_P = \frac{D_P}{P_P(1-f)} \times 100\%$$

4. 固定增长股利模型法的普通股资金成本：

$$K_S = \frac{D_1}{P_0(1-f)} + g$$

5. 资本资产定价模型法的普通股资金成本：

$$k_C = R_C = R_f + \beta(R_m - R_f)$$

6. 留存收益资金成本：

$$K_R = \frac{D_1}{P_0} + g$$

7. 加权平均资金成本：

$$K_w = \sum_{j=1}^{n} k_j W_j$$

8. 筹资总额突破点：

$$BP_i = \frac{TF_i}{W_i}$$

9. 经营杠杆系数：

$$经营杠杆系数 = \frac{息税前利润变动率}{销售额变动率}$$

$$经营杠杆系数 = \frac{基期边际贡献}{基期息税前利润}$$

10. 财务杠杆系数：

$$财务杠杆系数 = \frac{普通股每股收益变动率}{息税前利润变动率}$$

$$财务杠杆系数 = \frac{息税前利润}{息税前利润 - 利息 - \dfrac{优先股股利}{1 - 所得税税率}}$$

11. 总杠杆系数：

$$总杠杆系数 = \frac{每股收益变动率}{产销量变动率}$$

$$总杠杆系数 = 经营杠杆系数 \times 财务杠杆系数$$

$$DCL = \frac{M}{EBIT - I - \dfrac{d}{1-T}}$$

12. 筹资无差别点：

$$EPS = \frac{(EBIT - I)(1-T) - D}{N}$$

$$\frac{(EBIT - I_1)(1 - T) - D}{N_1} = \frac{(EBIT - I_2)(1 - T) - D}{N_2}$$

四、主要工作任务

序 号	典型工作任务
1	计算与分析个别资金成本
2	计算与分析加权平均资金成本
3	分析经营杠杆
4	分析财务杠杆
5	分析总杠杆
6	分析确定最佳资本结构

职业判断训练

一、单选题

1. 一般而言，企业资金成本最高的筹资方式是（ ）。

A. 发行债券　B. 长期借款

C. 发行普通股　D. 发行优先股

2. 企业在追加筹资时需要计算（ ）。

A. 加权平均资金成本　B. 边际资金成本

C. 个别资金成本　D. 机会成本

3. 关于留存收益成本，下列说法错误的是（ ）。

A. 它是一种机会成本　B. 计算时不必考虑筹资费用

C. 实质上是股东对企业追加投资　D. 它的计算与普通股成本完全相同

4. 产生经营杠杆作用的主要原因是（ ）。

A. 经营成本中固定成本总额的不变　B. 经营成本中单位变动成本的不变

C. 资本结构中债务利息费用的不变　D. 产销规模的不变

5. 不存在财务杠杆作用的筹资方式是（ ）。

A. 发行普通股　B. 发行优先股

C. 发行债券　D. 举借银行借款

6. 某公司财务杠杆系数等于1，这表明该公司当期（ ）。

A. 利息与优先股股息为零

B. 利息为零，而有无优先股股息不好确定

C. 利息与息税前利润为零

D. 利息与固定成本为零

7. 只要企业存在固定成本，则经营杠杆系数（　　）。

A. 与销售量成正比　　B. 与固定成本成反比

C. 恒大于1　　D. 与风险成反比

8. 某企业取得3年期长期借款300万元，年利率为10%，每年付息一次，到期一次还本，筹资费用率为0.5%，企业所得税税率为25%，则该项长期借款的资本成本为（　　）。

A. 10%　　B. 7.54%

C. 6%　　D. 6.7%

9. 某公司全部资本为150万元，负债比率为40%，负债利率为10%，销售额为130万元，息税前利润为25万元，则该公司的财务杠杆系数为（　　）。

A. 1.32　　B. 1.26

C. 1.5　　D. 1.56

10. 企业以资本成本最低选择最佳资本结构时，是以（　　）为依据。

A. 加权平均资金成本　　B. 边际资金成本

C. 个别资金成本　　D. 机会成本

二、多选题

1. 资本成本包括（　　）。

A. 资金筹集费　　B. 财务费用

C. 资金占用费　　D. 资金费用

E. 管理费用

2. 下列项目中，属于资金成本中筹资费用内容的是（　　）。

A. 借款手续费　　B. 债券发行费

C. 债券利息　　D. 股利

E. 所得税

3. 下列哪项属于权益性资金成本（　　）。

A. 优先股成本　　B. 银行借款成本

C. 普通股成本　　D. 留存收益成本

E. 债券成本

4. 影响优先股成本的主要因素有（　　）。

A. 优先股股利　　B. 优先股总额

C. 优先股筹资费率　　D. 企业所得税税率

E. 银行存款利率

5. 普通股成本的确定方法有（　　）。

A. 股利增长模型法　　B. 资本资产定价模型法

C. 财务分析法　　D. 贴现现金流量法

E. 市盈率法

6. 在计算以下（　　）项个别资本成本时，应考虑抵税作用。

A. 普通股成本　　B. 留存收益成本

C. 长期借款成本　　　　　　　　D. 债券成本

E. 优先股成本

7. 影响公司加权平均资金成本的因素有（　　）。

A. 资金结构　　　　　　　　B. 个别资金成本高低

C. 筹集资金总额　　　　　　D. 筹资期限长短

E. 公司发行的股票市价

8. 利用每股利润无差异点进行企业资金结构分析时，（　　）。

A. 当预计息税前利润等于每股利润无差异点时，采用权益筹资方式和采用负债筹资方式的报酬率相同

B. 当预计息税前利润高于每股利润无差异点时，采用负债筹资方式比采用权益筹资方式有利

C. 当预计息税前利润低于每股利润无差异点时，采用权益筹资方式比采用负债筹资方式有利

D. 当预计息税前利润低于每股利润无差异点时，采用负债筹资方式比采用权益筹资方式有利

E. 以上选项皆不正确

9. 负债资金在资金结构中产生的影响是（　　）。

A. 降低企业资金成本　　　　B. 加大企业财务风险

C. 具有财务杠杆作用　　　　D. 分散股东控制权

E. 扩大了经营风险

10. 要控制公司的综合风险，可以采取下列措施（　　）。

A. 增加固定成本　　　　　　B. 降低单位变动成本

C. 增加负债　　　　　　　　D. 增加权益筹资

E. 降低负债筹资

三、判断题

1. 留存收益是企业经营中的内部积累，这种资金不是向外界筹措的，因而它不存在资本成本。（　　）

2. 债券利息和优先股股利都作为财务费用在所得税前支付。（　　）

3. 在其他因素不变的情况下，固定成本越大，经营杠杆系数也就越大，经营风险则越大。（　　）

4. 优先股的股利通常是固定股利，一般按面值的一定百分比来计算，必须在支付普通股股利之前予以支付。（　　）

5. 复合杠杆系数等于经营杠杆系数与财务杠杆系数之和。（　　）

6. 在筹资额和利息（股息）率相同时，企业借款筹资与发行优先股筹资的财务杠杆作用是相同的。（　　）

7. 当预计的息税前利润大于每股利润无差别点的息税前利润时，负债筹资的普通股每股利润大。（　　）

8. 如果企业的债务资金为零，则财务杠杆系数必等于1。（　　）

9. 在个别资本成本一定的情况下，企业综合资本成本的高低取决于资金总额。（　　）

10. 在优化资本结构的过程中，综合资本成本最小的方案一定是普通股每股利润最大的方案。（　　）

职业技能训练

一、计算分析题

1. A 公司拟筹资 5 000 万元，其中按面值发行债券 2 000 万元，票面利率为 10%，筹资费率为 2%；发行优先股 800 万元，股息率为 12%，筹资费率为 3%；发行普通股 2 200 万元，筹资费率 5%，预计第一年股利率为 12%，以后每年按 4% 递增，所得税税率为 25%。

要求：(1) 计算债券资金成本；

(2) 计算优先股资金成本；

(3) 计算普通股资金成本；

(4) 计算加权平均资本成本。

2. 某企业发行债券、优先股、普通股筹集资金。发行债券 500 万元，票面利率 8%，筹资费用率 2%；优先股 200 万元，年股利率 12%，筹资费用率 5%；普通股 300 万元，筹资费用率 7%。预计下年度股利率 14%，并以每年 4% 的速度递增。若企业适用所得税税率为 25%。计算个别资金成本和加权平均资金成本。

3. 某企业拟筹资 2 500 万元，其中发行债券 1 000 万元，筹资费率 2%，债券年利率为 10%，所得税率为 33%，优先股 500 万元，年股息率为 12%，筹资费率为 3%，普通股 1 000 万元，筹资费率为 4%，第一年预期股利率为 10%，以后每年增长 4%，试计算该筹资方案的综合资本成本。

4. 某企业 2012 年资产总额为 1 000 万元，资产负债率为 40%，负债平均利息率 5%，实现的销售收入为 1 000 万元，全部的固定成本和费用为 220 万元，变动成本率为 30%，若预计 2013 年销售收入提高 50%，其他条件不变。

要求计算：经营杠杆系数（DOL）、财务杠杆系数（DFL）、总杠杆系数（DTL）。

5. 某公司 2012 年销售产品 10 万件，单价 50 元，单位变动成本 30 元，固定成本总额 100 万元。公司负债 60 万元，年利息率为 12%，并须每年支付优先股股利 10 万元，所得税税率 25%。

要求：(1) 计算 2012 年该公司的边际贡献；

(2) 计算 2012 年该公司的息税前利润总额；

(3) 计算 2013 年该公司的总杠杆系数。

6. 某公司 2011 年资金总额 800 万元，股本 500 万元，其余为负债，年利息率 8%，当年实现息税前利润 30 万元，企业所得税税率 20%（在外流通普通股 10 000 股）。2012 年息税前利润增长 40%。

要求：计算2012年息税前利润及财务杠杆系数，并预测2013年的财务杠杆系数。

7. 某公司原有资金700万元，其中债务资本200万元（每年负担利息24万元）、普通股资本500万元（发行普通股10万股，每股面值50元）。由于业务需要需追加筹资300万元，其筹资方式有二：A方式：全部发行普通股。具体是增发6万股，每股面值50元；B方式：全部筹借长期债务。债务利率仍为12%，利息36万元。所得税率为25%。请确定每股利润的无差别点，并决定如何筹资。

8. 某企业目前拥有资金2 000万元，其中：长期借款800万元，年利率10%；普通股1 200万元，每股面值1元，发行价格20元，目前价格也为20元，上年每股股利2元，预计年股利增长率为5%，所得税率为25%。

该公司计划筹资100万元，有两种筹资方案：A方案增加长期借款100万元，借款利率上升到12%；B方案增发普通股4万股，普通股每股市价增加到25元。

要求：（1）计算该公司筹资前的加权平均资本成本；

（2）采用比较资金成本法确定该公司的最佳资本结构。

9. 某公司原有资本800万元，其中债务资本400万元（每年负担利息40万元），普通股资本400万元（发行普通股40万股，每股面值10元），由于扩大业务，需要追加筹资500万元，其筹资方式有两种：（1）全部发行普通股，增发50万股，每股面值10元；（2）全部筹借长期债务，债务利率10%。公司的变动成本率为50%，固定成本总额为200万元，所得税率为25%。试进行每股收益的无差别分析。

二、综合题

1. 百华公司在筹资过程中通常采用多种筹资方式，该公司本年进行了以下筹资行为：

（1）取得3年期借款100万元，年利率8%，每年付息一次，到期一次还本。已知公司所得税率为25%，筹资费率为1%。

（2）5年期的债券，票面面值为1 200万元，票面年利率为10%，每年付息一次，发行价为1 200万元，发行费用率为3%，所得税税率为25%。

（3）按面值发行100万元的优先股股票，筹资费用率4%，年优先股股利率为10%。

（4）发行普通股600万股，每股10元，筹资费用率为5%，第一年末每股发放股利2元，预计未来股利每年增长率为4%。

（5）留存收益为600万元。

要求：请你为百华公司完成一份简要的资金成本分析报告，报告主要包括以下内容：

（1）公司采取哪些筹资方式？各种筹资方式的资金成本包括哪些内容？

（2）公司综合资金成本是多少？

2. 某企业只生产和销售A产品，其总成本习性模型为Y = 10 000 + 3X。假定该企业2012年度A产品销售量为10 000件，每件售价为5元；按市场预测2013年A产品的销售数量将增长10%。

要求：(1) 计算2012年该企业的边际贡献总额；

(2) 计算2012年该企业的息税前利润；

(3) 计算销售量为10 000件时的经营杠杆系数；

(4) 计算2013年息税前利润增长率；

(5) 假定企业2012年发生负债利息5 000元，且无优先股股息，计算2013年总杠杆系数。

3. 某公司目前发行在外普通股100万股（每股1元），已发行10%利率的债券400万元，该公司打算为一个新的投资项目融资500万元，新项目投产后公司每年息税前利润增加到200万元。现有两个方案可供选择：方案1是按12%的利率发行债券；方案2是按每股20元发行新股。公司适用所得税税率25%。

要求：(1) 计算两个方案的每股收益；

(2) 计算两个方案的每股收益无差别点的息税前利润；

(3) 计算两个方案的财务杠杆系数；

(4) 判断哪个方案更好。

4. 某企业目前资金结构如表7-1所示：

表7-1　　企业资金结构一览表

资金来源	金额（万元）
长期债券，年利率8%	200
优先股，年股息率6%	100
普通股，25 000股	500
合计	800

该公司普通股每股面额200元，今年期望股利为24元，预计以后每年股息增加4%，该公司所得税率25%，假设发行各种证券均无筹资费用。该公司计划增资200万元，有以下两个方案可供选择：甲方案发行债券200万元，年利率为10%，此时普通股股息将增加到26元，以后每年还可增加5%，但由于风险增加，普通股市价将跌至每股180元；乙方案发行债券100万元，年利率为10%，发行普通股100万元，此时普通股股利将增加到26元，以后每年再增加4%，由于企业信誉提高，普通股市价将上升至230元。

要求：通过计算，在甲、乙两个方案中选择较优方案。

5. 某公司年销售额100万元，变动成本率70%，全部固定成本（包括利息）20万元，总资产50万元，资产负债率40%，负债的平均利率8%，假设所得税率为25%。

该公司拟改变经营计划，追加投资40万元，所需资金以10%的利率借入，每年固定成本增加5万元，可以使销售额增加20%，并使变动成本率下降至60%。该公司以提高净资产收益率，同时降低总杠杆系数作为改变经营计划的标准。

要求：(1) 计算目前的净资产收益率、经营杠杆系数、财务杠杆系数和总杠杆系数；

(2) 所需资金以10%的利率借入，计算净资产收益率、经营杠杆系数、财务杠杆系数和总杠杆系数；

(3) 判断该公司是否改变经营计划？

三、案例分析题

（一）海马汽车制造公司筹资案例

背景与情境：海马汽车制造公司是一个多种经济成份并存，具有法人资格的大型企业集团。公司现有 68 个生产厂家，还有物资、销售、进出口、汽车配件等 9 个专业公司，3 个轻型汽车研究所和 1 所汽车工学院。公司现在急需 1 亿元的资金用于轿车技术改造项目。为此，总经理刘飞于 2009 年 8 月 10 日召开由生产副总经理张鸣、财务副总经理王军、销售副总经理林斌、某信托投资公司金融专家周天、某经济研究中心经济学家李教授、某大学财务学者黄教授组成的专家研讨会，讨论该公司筹资问题。下面摘要的是他们的发言和有关资料：

总经理刘飞首先发言："公司轿车技术改造项目经专家、学者的反复论证已被国家于 2007 年正式批准立项。这个项目的投资额预计为 4 亿元，生产能力为 4 万辆。项目改造完成后，公司的两个系列产品的各项性能可达到国际同类产品的先进水平。现在项目正在积极实施中，但目前资金不足，准备在 2009 年 12 月前筹措 1 亿元资金，请大家发表自己的意见，谈谈如何筹措这笔资金。"

生产副总经理张鸣说："目前筹集的 1 亿元资金，主要是用于投资少、效益高的技术改进项目。这些项目在两年内均能完成建设并正式投产，到时将大大提高公司的生产能力和产品质量，估计这笔投资在改造投产后 3 年内可完全收回。所以应发行 5 年期的债券筹集资金。"

财务副总经理王军提出了不同意见，他说："目前公司全部资金总额为 10 亿元，其中自有资金 4 亿元，借入资金 6 亿元，自有资金比率为 40%，负债比率为 60%。这种负债比率在我国处于中等水平，与世界发达国家如美国、英国等相比，负债比率已经比较高了，如果再利用债券筹集 1 亿元资金，负债比率将达到 64%，显然负债比率过高，财务风险太大。所以，不能利用债券筹资，只能靠发行普通股或优先股筹集资金。"

但金融专家周天却认为："目前我国资金市场还不够完善，证券一级市场和二级市场许多方面还很不规范，投资者对股票投资还没有充分的认识，再加之今年度股市的'扩容'速度过快。因此，在目前条件下要发行 1 亿元普通股是很困难的。发行优先股还可以考虑，但根据目前的利率水平和生产情况，发行时年股息不能低于 16.5%，否则也无法发行。如果发行债券，因要定期付息还本，投资者的风险较小，估计以 12% 的利率便可顺利发行债券。"

来自某经济研究中心的李教授认为："目前我国经济建设正处于改革开放的大好时期，我国已经加入世界贸易组织，汽车行业可能会受到冲击，销售量会受到影响。在进行筹资和投资时应考虑这一因素，不能盲目上马，否则后果将是不够理想的。"

公司的销售副总经理林斌认为："将来一段时期销售量不成问题。这是因为公司生产的中档轿车和微型车，这几年来销售量情况一直很好，畅销全国 29 个省、市、自治区，2007 年受进口汽车的影响，全国汽车滞销，但公司的销售状况仍创历史最好水平，居全国领先地位。在近几年全国汽车行业质量评比中，连续获奖。至于我国入关后，关税将大幅度下降，确实会对我国汽车行业带来冲击，但这种冲击已通过国家近来的逐步降低关税得以逐步的消化。所以，入关不会产生大的影响。”

财务副总经理王军说：“公司属于股份制试点企业，目前所得税税率为25%，税后资金利润率为16%，若这项技术改造项目上马，由于采用了先进设备，投产后预计税后资金利润率将达到18%。”所以，他认为这一技术改造项目应付诸实施。

来自某大学的财务学者黄教授听了大家的发言后指出：“以16.5%的股息率发行优先股不可行，因为发行优先股所花费的筹资费用较多，把筹资费用加上以后，预计利用优先股筹集资金的资金成本将达到19%，这已高于公司税后资金利润率1%，所以不可行。但若发行债券，由于利息可以在税前支付，实际成本在10%左右。”他还认为，目前我国正处于通货膨胀时期，利息率比较高，这时不宜发行较长期的、负担较高的利息或股息。所以，黄教授认为，应首先向银行筹措1亿元的技术改造贷款，期限为1年，1年以后，再以较低的股息率发行优先股股票来替换技术改造贷款。

财务副总经理王军听了黄教授的分析后，也认为按16.5%发行优先股，的确会给公司带来沉重的财务负担。但他不同意黄教授后面的建议，他认为，在目前条件下向银行筹措1亿元技术改造贷款几乎不可能；另外，通货膨胀在近1年内不会消除，要想消除通货膨胀，利息率有所下降，至少需要2年时间。金融学家周天也同意王军的看法，他认为1年后利息率可能还要上升，2年后利息率才会保持稳定或有所下降。

问题：1. 归纳一下这次筹资研讨会上提出哪几种筹资方案？

2. 对几种筹资方案进行评价。

3. 请你为公司的筹资方案提供建议。

（二）东方公司筹资决策分析

背景与情景：东方公司是一家机械制造企业，目前其资本总额为1.5亿元，其构成如表7-2所示。

表7-2　　公司资本构成情况表

筹资方式	金额（万元）
长期债券（年利率8%）	1 000
普通股（4 500万股）	4 500
留存收益	2 000
合计	7 500

因生产发展需要，公司年初准备增加资金2 500万元，现有两个筹资方案可供选择：甲方案为增加发行1 000万股普通股，每股市价2.5元；乙方案为按面值发行每年年末付息、票面利率为10%的公司债券2 500万元。假定股票与债券的发行费用均可忽略不计，适用的企业所得税税率为25%。

王华认为乙方案负债较多，当收入相等时，乙方案的利息也较多，利润总额和净利润都会少于甲方案，股东净利润会相对较少，因此，他建议采用甲方案筹资。

问题：1. 请问从股东净利润的角度来看王华的分析正确吗？

2. 计算两种筹资方案下，每股收益无差别点的息税前利润。

3. 计算处于每股收益无差别点时，乙方案的财务杠杆系数。

4. 如果公司预计息税前利润为 1 200 万元，指出该公司应采用的筹资方案。

5. 如果公司预计息税前利润为 1 600 万元，指出该公司应采用的筹资方案。

6. 若公司预计息税前利润在每股收益无差别点增长 10%，计算采用乙方案时该公司每股收益的增长幅度。

参考答案与提示

职业判断训练

一、单选题

1. C　2. B　3. D　4. A　5. A　6. A　7. C　8. B
9. A　10. A

二、多选题

1. AC　2. AB　3. ABC　4. ABC　5. BDE　6. CD　7. AB　8. ABC
9. ABC　10. BDE

三、判断题

1. ×　2. ×　3. √　4. √　5. ×　6. ×　7. √　8. ×
9. ×　10. ×

职业技能训练

一、计算分析题

1. (1) $K_b = I_b \times (1-T) \div [B(1-f)] = 10\% \times (1-25\%) \div (1-2\%) = 7.65\%$

(2) $K_p = D_p \div [P_o(1-f)] = 800 \times 12\% \div [800 \times (1-3\%)] = 12.37\%$

(3) $K_s = D_1 \div [P_o(1-f)] + g = 2\ 200 \times 12\% \div [2\ 200 \times (1-5\%)] + 4\% = 16.63\%$

(4) $K_w = 7.14\% \times 2\ 000 \div 5\ 000 + 12.37\% \times 800 \div 5\ 000 + 16.63\% \times 2\ 200 \div 5\ 000$
$= 12.15\%$

2. 债券资金成本 $= 8\% \times (1-25\%) / (1-2\%) \approx 6.12\%$

优先股资金成本 $= 12\% / (1-5\%) \approx 12.63\%$

普通股资金成本 $= 14\% / (1-7\%) + 4\% \approx 19.05\%$

加权平均资金成本 $= 6.12\% \times 50\% + 12.63\% \times 20\% + 19.05\% \times 30\% \approx 11.30\%$

3. 债券的 $K = 10\% \times (1-33\%)/(1-2\%) = 6.84\%$

优先股的 $K = 12\%/(1-3\%) = 12.37\%$

普通股的 $K = 10\%/(1-4\%) + 4\% = 14.42\%$

综合资金成本 $= 6.84\% \times (1\ 000/2\ 500) + 12.37\% \times (500/2\ 500) + 14.42\% \times (1\ 000/2\ 500) = 10.98\%$

4. 固定成本 $= 220 - 20 = 200$

$DOL = (1\ 000 - 1\ 000 \times 30\%)/(700 - 200) = 1.4$

$DFL = 500/(500 - 20) = 1.04$

$DTL = 1.4 \times 1.04 = 1.46$

5. （1）2010 年该公司的边际贡献 $= (50 - 30) \times 10 = 200$（万元）

（2）2010 年该公司的息税前利润总额 $= 200 - 100 = 100$（万元）

（3）经营杠杆系数 $= 200/100 = 2$

财务杠杆系数 $= 100/[100 - 60 \times 12\% - 10/(1 - 25\%)] \approx 1.258$

2011 年该公司的复合杠杆系数 $= 2 \times 1.258 = 2.516$

6. 2010 年税前利润 $= 30 - (800 - 500) \times 8\% = 6$（万元）

2011 年财务杠杆系数 $= 30/(30 - 24) = 5$

2011 年税前利润 $= 30 \times (1 + 40\%) - (800 - 500) \times 8\% = 18$（万元）

2012 年财务杠杆系数 $= 30 \times (1 + 40\%)/18 \approx 2.333$

7. (息税前利润 − 24)/16 = (息税前利润 − 60)/10

解得：

息税前利润 = 120（万元）

此时的每股利润的无差别点 $= (120 - 60) \times (1 - 25\%)/10 = 4.5$（元）

根据计算，当息税前利润高于 120 万元（每股利润无差别点的息税前利润）时，应采用负债筹额方式，以获得较高的每股利润；当息税前利润低于 120 万元时，应采用权益筹资方式，获得较高的每股利润。

8. （1）目前资金结构：长期借款 40%，普通股 60%。

借款成本 $= 10\% \times (1 - 25\%) = 7.5\%$

普通股成本 $= 2 \times (1 + 5\%) \div 20 + 5\% = 15.5\%$

加权平均资金成本 $= 7.5\% \times 40\% + 15.5\% \times 60\% = 12.3\%$

（2）①新借款成本 $= 12\% \times (1 - 25\%) = 9\%$

增加借款筹资方案的加权平均成本

$= 7.5\% \times 800 \div 2\ 100 + 15.5\% \times 1\ 200 \div 2\ 100 + 9\% \times 100 \div 2\ 100$

$= 12.14\%$

②新普通股成本 $= 2 \times (1 + 5\%) \div 25 + 5\% = 13.4\%$

新发普通股票筹资方案的加权平均成本

$= 7.5\% \times 800 \div 2\ 400 + 13.4\% \times 1\ 600 \div 2\ 400 = 11.43\%$

所以该公司应选择发行普通股方案筹资，其最优资本结构为长期借款约占 33%，普通股约占 67%。

9. $(EBIT-40)\times(1-25\%)/(40+50)=(EBIT-40-500\times10\%)\times(1-25\%)/40$

$EBIT=130$（万元）

增资后息税前利润 $=500\times(1-50\%)-200=50$(万元)

因为50万元小于130万元，故应采用甲方案筹资。

二、综合题

1.（1）百华公司采取了长期借款、债券、优先股、普通股和留存收益筹资五种方式。资金成本包括筹资费用和用资费用两个方面。用资费用是指企业为使用资金而付出的代价，比如债务资金的利息和权益资金的股利、分红等，其特点是分次支付、数额较大。筹资费用是指企业在筹集阶段而支付的代价，比如债券的发行费用，股票的发行费用、手续费等，其特点是一次性支付且数额小。

（2）筹资总额 $=100+1\,200+100+600\times10+600=8\,000$（万元）

长期借款：$K_L=100\times8\%\times(1-25\%)/100\times(1-1\%)=6.06\%$，$W_L=100/8\,000=1.25\%$；

债券：$K_B=1\,200\times10\%\times(1-25\%)/1\,200\times(1-3\%)=7.73\%$，$W_B=1\,200/8\,000=15\%$；

优先股：$K_P=100\times10\%/100\times(1-4\%)=10.42\%$，$W_P=100/8\,000=1.25\%$；

普通股：$K_C=2/10\times(1-5\%)+4\%=25.05\%$，$W_C=6\,000/8\,000=75\%$；

留存收益：$K_E=2/10+4\%=25\%$，$W_E=600/8\,000=7.5\%$；

综合资金成本

$=6.06\%\times1.25\%+7.73\%\times15\%+10.42\%\times1.25\%+25.05\%\times75\%+25\%\times7.5\%$

$=22.03\%$

2. 由总成本习性模型可知，A产品的单位变动成本为3元，A产品的固定成本为10 000元。

（1）2012年该企业的边际贡献总额 $=10\,000\times(5-3)=20\,000$（元）

（2）2012年该企业的息税前利润 $=20\,000-10\,000=10\,000$（元）

（3）销售量为10 000件时的经营杠杆系数 $=20\,000/10\,000=2$

（4）2013年息税前利润增长率 $=10\%\times2=20\%$

（5）2013年的财务杠杆系数 $=10\,000/(10\,000-5\,000)=2$

2013年的复合杠杆系数 $=2\times2=4$。

3.（1）$EPS_1=(200-400\times10\%-500\times12\%)\times(1-25\%)/100=0.75$（元）

$EPS_2=(200-400\times10\%)\times(1-25\%)/125=0.96$（元）

（2）$EPS_1=(EBIT-400\times10\%-500\times12\%)\times(1-25\%)/100$

$EPS_2=(EBIT-400\times10\%)\times(1-25\%)/125$

$EPS_1=EPS_2$

$(EBIT-100)/100=(EBIT-40)/125$

$EBIT=(12\,500-4\,000)/25=340$

（3）方案1财务杠杆系数 $=200/(200-100)=2$

方案2财务杠杆系数 $=200/(200-40)=1.25$

（4）预计息税前利润少于每股收益无差别点息税前利润，方案 2 的每股利润大，所以方案 2 更好。

4.（1）按甲方案增资后加权平均资金成本：

新发行债券比重 =200/1 000 =20%

普通股比重 =100/1 000 =10%

优先股比重 =500/1 000 =50%

原债券成本 =5.36%

新发行债券成本 =[10% ×(1 -25%)]/(1 -0) =7.5%

优先股成本 =6%

普通股成本 =26/180 ×100% +5% =19.44%

甲方案综合资金成本

=20% ×5.36% +20% ×7.5% +10% ×6% +50% ×19.44%

=12.89%

（2）按乙方案增资后加权平均资金成本：

原债券比重 =200/1 000 =20%

新发行债券比重 =100/1 000 =10%

优先股比重 =100/1 000 =10%

普通股比重 =600/1 000 =60%

原债券成本 =5.36%

新发行债券成本 =[10% ×(1 -25%)]/(1 -0) =7.5%

优先股成本 =6%

普通股成本 =26/230 ×100% +4% =15.30%

乙方案加权平均资金成本

=20% ×5.36% +10% ×7.5% +10% ×6% +60% ×15.35%

=11.63%

通过计算，可以看出乙方案加权平均资金成本不仅低于甲方案，而且低于目前的平均资金成本，所以应选择乙方案，使企业加权平均资金成本较低。

5.（1）计算目前情况：

$$净资产收益率 = \frac{(100 \times 30\% - 20) \times (1 - 25\%)}{50 \times (1 - 40\%)}$$

$$= 25\%$$

$$经营杠杆系数 = \frac{100 \times 30\%}{100 \times 30\% - (20 - 50 \times 40\% \times 8\%)}$$

$$= 30 \div 11.6$$

$$= 2.59$$

财务杠杆系数 =11.6 ÷(11.6 -1.6) =1.16

总杠杆系数 =2.59 ×1.16 ≐3

（2）所需资金以 10% 的利率借入：

$$净资产收益率 = \frac{[100 \times 120\% \times (1 - 60\%) - (20 + 5 + 40 \times 10\%)] \times (1 - 25\%)}{50 \times (1 - 40\%)}$$

$=47.5\%$

$$经营杠杆系数=\frac{120\times(1-60\%)}{120\times(1-60\%)-(20+5-1.6)}$$

$=48\div24.6$

$=1.95$

财务杠杆系数 $=24.6\div(24.6-40\times10\%-1.6)=1.29$

总杠杆系数 $=1.95\times1.29=2.52$

（3）因为所需资金以10%的利率借入后，净资产收益率从25%提高到47.5%，总杠杆系数从3降低到2.52，所以该公司应该改变经营计划。

三、案例分析题

（一）

1. 在这次筹资研讨会上，一共提出了以下几种筹资方案：分别是生产副总经理张鸣提出的发行5年期债券方案、财务副总经理王军提出的发行优先股或普通股筹资方案、金融专家周天提出的发行票面利率12%的债券筹资方案、某大学的财务学者黄教授提出的先借款再发行债券或优先股筹资的方案。

2.（1）对于生产副总经理张鸣提出的发行5年期的债券筹资方案，考虑了资金来源与资金占用时间上的配合，这是可行的。但是，目前利率处于上升趋势，而预计2年后利率会下降，因此，发行5年期的债券虽然在前2年可锁定较低的利率，但后3年则企业要承担相对市场利率较高的利率。另外，发行债券也会增大企业财务风险。

（2）财务副总经理王军提出的发行优先股或普通股筹资方案考虑了发行债券筹资带来的财务风险，但发行优先股或普通股筹资会导致公司控制权分散、筹资成本高，另外筹资周期较长，不一定能在限定的时间内筹集到必要的资金。

（3）金融专家周天提出的发行票面利率12%的债券筹资方案考虑了债券筹资的低成本优势，但也应该看到债券筹资会形成固定的利息负担、加大企业财务风险。

（4）某大学的财务学者黄教授提出的先借款再发行债券或优先股筹资的方案则将筹资与投资结合起来，否定了现在发行优先股的筹资方案。改用先按目前市场利率借款筹资，1年后再按较低的股息率发行优先股的筹资方案存在以下问题：一是银行借款是否可得？二是1年后市场利率是否会下降，如果没有下降，那么1年后发行优先股的股息率还要高于现在的水平，会加重公司的资金成本。

3. 公司在筹资资本时通常要考虑以下几个因素：企业销售的增长情况、企业所有者和管理人员的态度、企业的盈利能力和财务状况、资产结构、贷款人和信用评级机构的影响、行业因素和市场利率的变动趋势等。

结合公司状况，销售逐步增长、资产负债率只有40%、公司盈利能力较强（税后资金利润率达到16%）等因素，建议企业可以适当增加债务筹资比重，以降低成本、增加利润。考虑到市场利率可能要2年后才会下降，因此，建议公司发行2年期的债券筹集部分资金，同时，为了降低财务风险，公司可以考虑发行部分可赎回优先股筹资其余资金。

（二）

1. 王华的分析不正确，从股东利益的角度来看，最佳的资本结构应该是股东每股净利润最大的资本结构。虽然，负债增加导致利息增加，进而利润总额和净利润减少，也就是说负债越多，公司股东净利润越少。但是，负债增加意味着股东投入资金也会减少，每股净利润不一定会减少。因此，王华的分析没有区分每股净利润与净利润总额，没有考虑到投入产出比。

2. $EPS_{甲} = [(EBIT - 1\ 000 \times 8\%) \times (1 - 25\%)]/5\ 500$

$EPS_{乙} = [(EBIT - 1\ 000 \times 8\% - 2\ 500 \times 10\%) \times (1 - 25\%)]/4\ 500$

因为，$EPS_{甲} = EPS_{乙}$，所以，$(EBIT - 80)/11 = (EBIT - 330)/9$

$EBIT = (3\ 630 - 720)/2 = 1\ 455$（元）

3. 财务杠杆系数 $= 1\ 455/(1\ 455 - 330) = 1.293$

4. 息税前利润低于每股利润无差别点息税前利润时，采用权益筹资方案。

5. 如果公司预计息税前利润为 1 600 万元，应采用负债筹资方案。

6. 乙方案公司每股利润增长率 $= 10\% \times 1.293 = 12.93\%$。

学习情境八 收益与分配管理

知识与技能回顾

一、内容结构

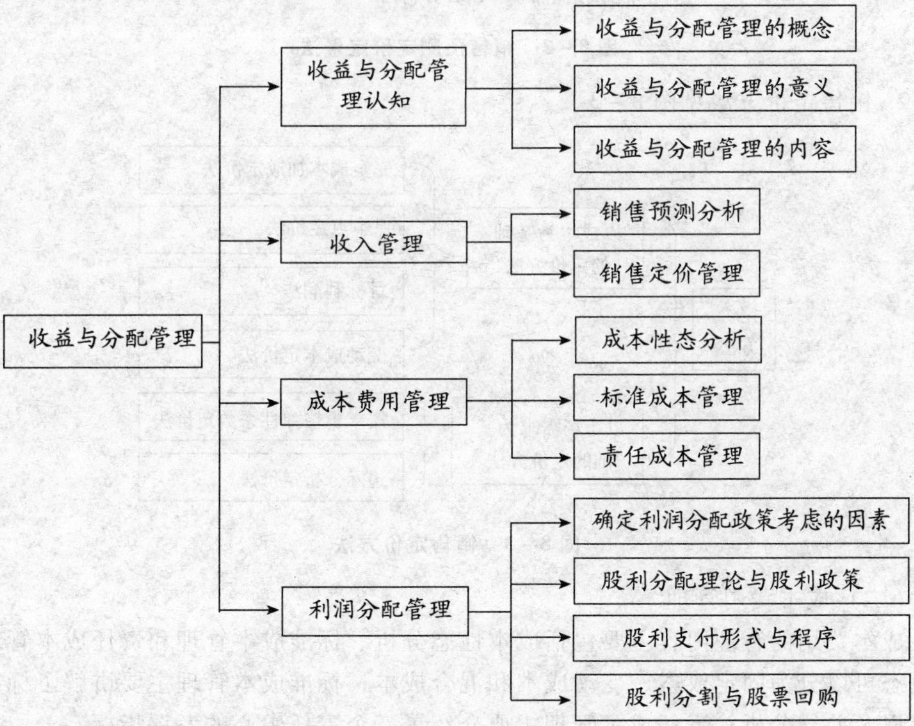

图 8－1　学习情况八内容结构图

二、内容提要

本情景主要介绍了收益与分配管理三个方面的内容：

（一）收入管理

收入管理包括销售量的预测和销售价格的制定。销售量的预测分为定性预测与定量预测两种方法。销售价格的制定方法分为基于成本的定价方法和基于市场需求的定价方法。

1. 销售预测结构见图 8－2。

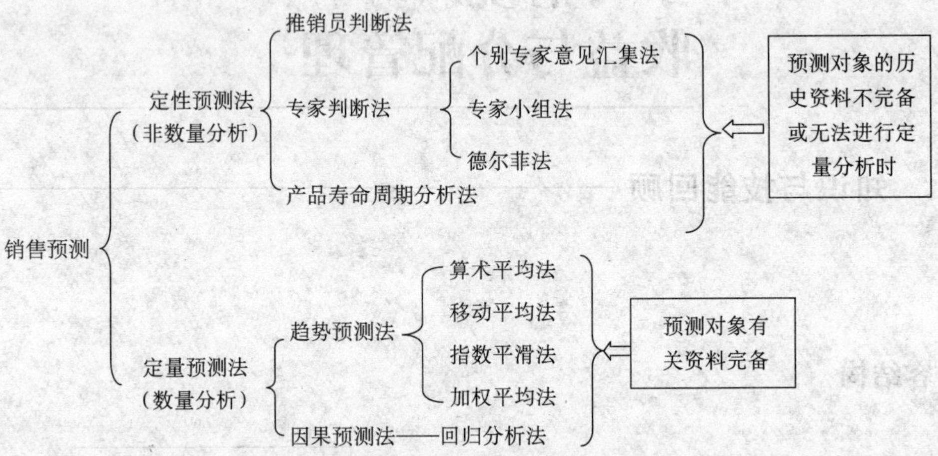

图 8－2　销售预测定价定量法

2. 销售定价方法见图 8－3。

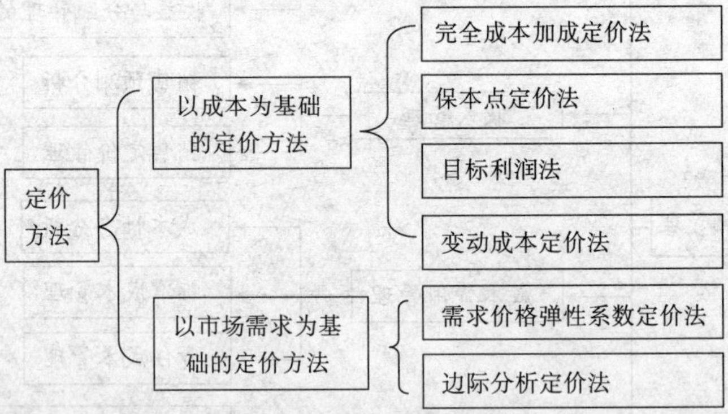

图 8－3　销售定价方法

（二）成本费用管理

成本费用的管理内容主要包括成本性态分析、标准成本管理和责任成本管理等。成本性态可以分为固定成本、变动成本和混合成本；标准成本管理主要讲解了标准成本的制定以及差异分析；责任成本管理主要介绍了三个责任中心的考评指标。

1. 成本性态见表 8－1。

表 8－1　　成本性态表

分　类	进一步分类	各类的特点和常见例子
固定成本	约束性固定成本（经营能力成本）	①特点：管理当局的短期（经营）决策行动不能改变其具体数额的固定成本。 ②举例：保险费、房屋租金、折旧、财产保险费、管理人员的基本工资等。 ③降低策略：降低约束性固定成本的基本途径，只能是合理利用企业现有的生产能力，提高生产效率，以取得更大的经济效益。
	酌量性固定成本（经营方针成本）	①特点：管理当局的短期经营决策行动能改变其数额的固定成本。 ②举例：广告费、职工培训费、新产品研究开发费用等。 ③降低策略：要想降低酌量性固定成本，只有厉行节约、精打细算，编制出积极可行的费用预算并严格执行，防止浪费和过度投资等。
变动成本	技术变动成本	①含义：与产量有明确的技术或实物关系的变动成本。 ②特点：只要生产就必然会发生，若不生产，其技术变动成本便为零。 ③举例：生产产品所需要耗费的直接材料。
	酌量性变动成本	①含义：通过管理当局的决策行动可以改变的变动成本。 ②特点：单位变动成本的发生额可由企业最高管理层决定。 ③举例：按销售收入的一定百分比支付的销售佣金、技术转让费。
混合成本	半变动成本	含义：在一定初始量基础上，随着产量的变化而呈正比例变动的成本。 举例：固定电话座机费、水费、煤气费等。
	半固定成本	①特点：也称阶梯式变动成本，这类成本在一定业务量范围内的发生额是固定的，但当业务量增长到一定限度，其发生额就突然跳跃到一个新的水平，然后在业务量增长的一定限度内，发生额又保持不变，直到另一个新跳跃。 ②举例：企业的管理员、运货员、检验员的工资等成本项目就属于这一类。
	延期变动成本	①特点：在一定的业务量范围内有一个固定不变的基数，当业务量增长超出了这个范围，它就与业务量的增长成正比例变动。 ②举例：职工的工资＝职工的基本工资＋工作时间超出正常标准支付加班薪金。

2. 标准成本的确定见表 8－2。

表 8－2　　标准成本制定

成本项目	用量标准	价格标准
直接材料	单位产品材料用量标准	材料价格标准
直接人工	工时用量标准（单位产品耗用的标准工时）	工资率标准（每小时的工资率）
制造费用	工时用量标准（单位产品耗用的标准工时）	制造费用分配率标准（每小时的制造费用分配率）

3. 成本差异计算见表 8－3。

表 8－3　　成本差异计算

	价差（包括混合差异）	量差（纯差异）
直接材料成本差异	直接材料价格差异 =（实际价格－标准价格）×实际用量	直接材料数量差异 =（实际用量－实际产量下标准用量）×标准价格
直接人工成本差异	直接人工工资率差异 =（实际工资率－工资率标准）×实际人工工时	直接人工效率差异 =（实际人工工时－实际产量下标准人工工时）×工资率标准
变动制造费用差异	变动制造费用耗费差异 =实际工时×（变动制造费用实际分配率－变动制造费用标准分配率）	变动制造费用效率差异 =（实际工时－实际产量下标准工时）×变动制造费用标准分配率

4. 成本差异责任归属见表 8－4。

表 8－4　　成本差异责任归属

	价格差异			用量差异		
	直接材料价格差异	直接人工工资率差异	变动制造费用耗费差异	直接材料用量差异	直接人工效率差异	变动制造费用效率差异
形成原因	市场价格、供货厂商、运输方式、采购批量等	工资制度的变动、工人的升降级、加班或临时工的增减		产品设计结构、原材料质量、工人技术熟练度、废品率的高低	工人技术状况、工作环境、设备条件	工人技术状况、工作环境、设备条件
主要责任部门	采购部门	劳动人事部门	—	生产部门的责任		
注意	通常不是生产部门的责任			但也不是绝对的，如采购材料质量差导致材料数量差异是采购部门责任		

5. 三类责任中心比较见表 8－5。

表 8－5　　三类责任中心比较

	应用范围	权利	考核范围	考核办法	组织形式	考核指标
成本中心	最广	最小（可控成本的控制权）	可控的成本、费用	只以货币形式计量投入，不以货币形式计量产出	一般不是法人	预算成本节约额 预算成本节约率
利润中心	较窄	较高（不仅要降低绝对成本，还要寻求收入的增长使之超过成本，即更要强调相对成本的降低）	成本费用、收入、利润	不进行投入、产出的比较	一般不是法人	边际贡献总额 可控边际贡献 部门边际贡献
投资中心	最小（最高层次，具有投资决策权的中心）	最高（投资决策权）	成本费用、收入、利润、投资效率	进行投入、产出比较	一般是法人	投资报酬率 剩余收益

（三）收益分配的内容

收益分配的内容包括主要的几种收益分配政策及股利支付的程序和方式。其中收益分配内容中主要讲解了确定收益分配要考虑的主要因素、几种主要的收益分配政策、股利支付的程序和方式。

1. 股利理论见表 8－6。

表 8－6　股利理论

种类		观点
股利无关理论		该理论认为，在一定的假设条件限制下，股利政策不会对公司的价值或股票的价格产生任何影响，投资者不关心公司股利的分配。公司市场价值的高低，是由公司所选择的投资决策的获利能力和风险组合决定，而与公司的利润分配政策无关。
股利相关理论	"手中鸟"理论	该理论认为，公司的股利政策与公司的股票价格是密切相关的，即当公司支付较高的股利时，公司的股票价格会随之上升，公司的价值将得到提高。
	信号传递理论	该理论认为，在信息不对称的情况下，公司可以通过股利政策向市场传递有关公司未来获利能力的信息，从而会影响公司的股价。一般来讲，预期未来获利能力强的公司，往往愿意通过相对较高的股利支付水平，把自己同预期盈利能力差的公司区别开来，以吸引更多的投资者。
	所得税差异理论	该理论认为，由于普通存在的税率以及纳税时间的差异，资本利得收入比股利收入更有助于实现收益最大化目标，公司应当采用低股利政策。
	代理理论	该理论认为，股利的支付能够有效地降低代理成本。高水平的股利政策降低了企业的代理成本，但同时增加了外部融资成本，理想的股利政策应当使两种成本之和最小。

2. 股利支付形式见表 8－7。

表 8－7　股利支付形式

形式	说明
现金股利	现金股利是以现金支付的股利，它是股利支付最常见的方式。
财产股利	财产股利是以现金以外的其他资产支付的股利，主要是以公司所拥有的其他公司的有价证券，如债券、股票等，作为股利支付给股东。
负债股利	负债股利是以负债方式支付的股利，通常以公司的应付票据支付给股东，有时也以发放公司债券的方式支付股利。
股票股利	股票股利是公司以增发股票的方式所支付的股利。

3. 股票分割与股票股利的比较见表 8－8。

表 8－8　股票分割与股票股利的异同

内容	股票股利	股票分割
不同点	（1）面值不变； （2）股东权益结构变化（股本增加、未分配利润减少）； （3）属于股利支付方式。	（1）面值变小； （2）股东权益结构不变； （3）不属于股利支付方式。
相同点	（1）普通股股数增加； （2）每股收益和每股市价下降； （3）资产总额、负债总额、股东权益总额不变。	

4. 股利支付程序见表 8－9。

表 8－9　　股利支付程序

股利宣告日	股东大会决议通过并由董事会将股利支付情况予以公告的日期。
股权登记日	有权领取本期股利的股东资格登记截止日期。 在这一天之后取得股票的股东则无权领取本次分派的股利。
除息日	领取股利的权利与股票分离的日期。在除息日之前购买的股票才能领取本次股利，而在除息日当天或是以后购买的股票，则不能领取本次股利。由于失去了“付息”的权利，除息日的股票价格会下跌。
股利发放日	公司按照公布的分红方案向股权登记日在册的股东实际支付股利的日期。

三、主要公式

1. 销售量预测方法。

(1) 算术平均法，其计算公式为：

$$Q = \frac{\sum X_i}{n}$$

式中：Q——预测值；X_i——第 i 期的实际销售量；n——期数。

(2) 加权平均法，其计算公式为：

$$Q = \sum_{i=1}^{n} W_i X_i$$

式中：Q——预测值；

W_i——第 i 期的权数（$0 < W_i \leqslant W_{i+1} < 1$，且 $\sum W_i = 1$）；

X_i——第 i 期的实际销售量；

n——期数。

(3) 移动平均法，其计算公式为：

$$y_{n+1} = \frac{x_{n-(m-1)} + x_{n-(m-2)} + \cdots + x_{m-1} + x_n}{m}$$

为了使预测值更能反映销售量变化的趋势，可以对上述结果按趋势值进行修正，其计算公式为：

$$\overline{y}_{n+1} = y_{n+1} + (y_{n+1} - y_n)$$

(4) 指数平滑法，其计算公式为：

$$y_{n+1} = ax_n + (1 - a)y_n$$

式中：y_{n+1}——未来第 n + 1 期的预测值；

y_n——第 n 期预测值，即预测前期的预测值；

x_n——第 n 期的实际销售量，即预测前期的实际销售量；

a——平滑指数；

n——期数。

(5) 回归直线法。回归直线法，也称一元回归分析法。根据直线方程 $y = a + bx$，按照最小二乘法原理，来确定一条误差最小的、能正确反映自变量 x 和因变量 y 之间关系的直线，其常数项 a 和系数 b 的计算公式为：

$$b = \frac{n\sum xy - \sum x\sum y}{n\sum x^2 - (\sum x)^2}$$

$$a = \frac{\sum y - b\sum x}{n}$$

待求出 a、b 的值后，代入 $y = a + bx$，结合自变量 x 的取值，即可求得预测对象 y 的预测销售量或销售额。

2. 产品销售定价的预测方法。

(1) 完全成本加成定价法。

①成本利润率定价：

单位产品价格 ×(1 - 税率) = 单位成本 + 单位成本 × 成本利润率　即：

$$产品价格 = \frac{单位成本 \times (1 + 成本利润率)}{1 - 税率}$$

②销售利润率定价：

单位产品价格 ×(1 - 税率) = 单位成本 + 单位产品价格 × 销售利润率　即：

$$单位产品价格 = \frac{单位成本}{1 - 销售利润率 - 税率}$$

上述公式中，单位成本是指单位完全成本，可以用单位制造成本加上单位产品负担的期间费用来确定。

(2) 保本点定价法：

单位产品价格 ×(1 - 税率) = 单位成本 + 0

单位产品价格 ×(1 - 税率) = 单位固定成本 + 单位变动成本　即：

$$单位产品价格 = \frac{单位固定成本 + 单位变动成本}{1 - 税率} = \frac{单位完全成本}{1 - 税率}$$

(3) 目标利润法：

单位产品价格 ×(1 - 税率) = 单位成本 + 单位目标利润　即：

$$单位产品价格 = \frac{单位目标利润 + 单位成本}{1 - 税率}$$

(4) 变动成本定价法：

单位产品价格 ×(1 - 税率) = 单位变动成本 + 单位利润

= 单位变动成本 + 单位变动成本 × 成本利润率 = 单位变动成本 ×(1 + 成本利润率)

即：

$$单位产品价格 = \frac{单位变动成本 \times (1 + 成本利润率)}{1 - 税率}$$

(5) 需求价格弹性系数定价法：

$$E = \frac{\Delta Q/Q_0}{\Delta P/P_0}$$

式中：E——某种产品的需求价格弹性系数；

ΔP——价格变动量；

ΔQ——需求变动量；

P_0——基期单位产品价格；

Q_0——基期需求量。

运用需求价格弹性系数确定产品的销售价格时，其基本计算公式为：

$$P = \frac{P_0 Q_0^{\ \alpha}}{Q^{\alpha}}$$

式中：P_0——基期单位产品价格；

Q_0——基期销售数量；

E——需求价格弹性系数；

P——单位产品价格；

Q——预计销售数量；

α——需求价格弹性系数绝对值的倒数，即$\frac{1}{|E|}$。

3. 高低点法求变动成本、固定成本：

$$单位变动成本 = \frac{最高点业务量成本 - 最低点业务量成本}{最高点业务量 - 最低点业务量}$$

固定成本总额 = 最高点业务量成本 - 单位变动成本 × 最高点业务量

= 最低点业务量成本 - 单位变动成本 × 最低点业务量

4. 标准成本制定。

（1）直接材料标准成本的制定：

直接材料标准成本 = $\sum$（材料价格标准 × 单位产品材料用量标准）

（2）直接人工标准成本的制定：

直接人工标准成本 = 标准工资率 × 工时用量标准

$$标准工资率 = \frac{标准工资总额}{标准总工时}$$

（3）制造费用标准成本：

制造费用标准成本 = 制造费用分配率标准 × 工时用量标准

$$制造费用分配率标准 = \frac{标准制造费用总额}{标准总工时}$$

5. 成本差异计算。

（1）直接材料成本差异：

直接材料成本差异 = 实际产量下实际成本 - 实际产量下标准成本

= 实际价格 × 实际用量 - 标准价格 × 标准用量

= 直接材料价格差异 + 直接材料用量差异

直接材料价格差异 =（实际价格 - 标准价格）× 实际用量

直接材料用量差异 = 标准价格 ×（实际用量 - 实际产量下标准用量）

（2）直接人工成本差异：

直接人工成本差异 = 实际总成本 - 实际产量下标准成本

=实际工资率×实际人工工时－标准工资率×标准人工工时

=直接人工工资差异率+直接人工效率差异

直接人工工资率差异 =（实际工资率－标准工资率）×实际人工工时

直接人工效率差异 = 标准工资率×（实际人工工时－实际产量下标准人工工时）

（3）变动制造费用：

变动制造费用成本差异=实际总变动制造费用－实际产量下标准变动制造费用

=实际变动制造费用分配率×实际工时－标准变动制造费用分配率×标准工时

=变动制造费用耗费差异+变动制造费用效率差异

$$变动制造费用耗费差异=\left(\frac{变动制造费用}{实际分配率}-变动制造费用标准分配率\right)\times实际工时$$

变动制造费用效率差异=变动制造费用标准分配率×（实际工时－实际产量下标准工时）

（4）固定制造费用。

①差异计算：

固定制造费用成本差异=实际产量下实际固定制造费用－实际产量下标准固定制造费用

=实际分配率×实际工时－标准分配率×实际产量下标准工时

其中，标准分配率=固定制造费用预算总额÷预算产量下标准总工时

②差异分析。

两差异分析法：

耗费差异=实际固定制造费用－预算产量下标准固定制造费用

=实际固定制造费用－标准分配率×工时标准×预算产量

=实际固定制造费用－标准分配率×预算产量下标准工时

能量差异=预算产量下标准固定制造费用－实际产量下固定制造费用

=标准分配率×（预算产量下标准工时－实际产量下标准工时）

三差异分析法：

耗费差异=实际固定制造费用－预算产量下标准固定制造费用

=实际固定制造费用－标准分配率×工时标准×预算产量

=实际固定制造费用－标准分配率×预算产量下标准工时

产量差异=标准分配率×（预算产量下标准工时－实际产量下实际工时）

效率差异=标准分配率×（实际产量下实际工时－实际产量下标准工时）

6. 责任成本考核指标。

（1）成本中心考核和控制：

预算成本节约额=预算责任成本－实际责任成本

预算成本节约率=预算成本节约额/预算成本×100%

（2）利润中心：

边际贡献=销售收入总额－变动成本总额

可控边际贡献=边际贡献－该中心负责人可控固定成本

部门边际贡献=可控边际贡献－该中心负责人不可控固定成本

（3）投资中心：

投资报酬率=息税前利润/平均营业资产

剩余收益 = 经营利润 -（经营资产 × 最低投资报酬率）

四、主要工作任务

表 8 - 10　　　　典型工作任务表

序　号	典型工作任务
1	销售预测分析
2	销售定价管理
3	成本性态分析
4	标准成本管理
5	责任成本管理
7	制定股利分配政策
8	股票分割与股票回购

职业判断训练

一、单选题

1. 约束性固定成本不受管理当局短期经营决策行动的影响。下列各项中，不属于企业约束性固定成本的是（　　）。

A. 厂房折旧　　　　B. 厂房租金支出

C. 高管人员基本工资　　　　D. 新产品研究开发费用

2. 以资源无浪费、设备无故障、产出无废品、工时都有效的假设前提为依据而制定的标准成本是（　　）。

A. 基本标准成本　　　　B. 理想标准成本

C. 正常标准成本　　　　D. 现行标准成本

3. 判断产品所处的寿命周期阶段，可根据销售增长率指标进行。一般地，增长率最大的是（　　）。

A. 萌芽期　　　　B. 成长期

C. 成熟期　　　　D. 衰退期

4. 2012 年实际销售量为 5 200 吨，原预测销售量为 5 300 吨，平滑指数 $\alpha = 0.4$，用指数平滑法预测公司 2013 年的销售量为（　　）吨。

A. 5 200　　　　B. 5 240

C. 5 260　　　　D. 5 300

5. 确定企业有剩余生产能力时，是否接受额外订单的价格应采用成本为基础的（　　）。

A. 完全成本费用加成定价法　　　　B. 保本点定价法

C. 目标利润定价法　　D. 变动成本定价法

6. 某企业生产 C 产品，本期计划销售量为 5 000 件，目标利润总额为 100 000 元，完全成本总额为 256 250 元，适用的消费税税率为 5%，根据上述资料，运用目标利润法测算的单位产品的价格应为（　　）元。

A. 71.25　　B. 75

C. 80.25　　D. 81.5

7. 某企业生产乙产品，本期计划销售量为 20 000 件，应负担的固定成本总额为 460 000 元，单位产品变动成本为 240 元，适用的消费税税率为 5%，根据上述资料，运用保本点定价法测算的单位 B 产品的价格应为（　　）元。

A. 276.15　　B. 263

C. 249.85　　D. 276.84

8. 成本按其习性可划分为（　　）。

A. 约束成本和酌量成本　　B. 固定成本、变动成本和混合成本

C. 相关成本和无关成本　　D. 付现成本和非付现成本

9. A 产品变动制造费用的成本标准为 16.2 元/件，工时标准为 1.5 小时/件。假定企业本月实际生产 A 产品 8 000 件，用工 10 000 小时。实际发生变动制造费用为 10 000 元，则变动制造费用耗费差异为（　　）元。

A. 2 000　　B. －21 600

C. 2 400　　D. －23 400

10. 在两差异法下，固定制造费用的差异可以分解为（　　）。

A. 价格差异和产量差异　　B. 耗费差异和效率差异

C. 能量差异和效率差异　　D. 耗费差异和能量差异

11. 某车间为成本中心，生产甲产品，预算产量 5 000 件，单位成本 200 元，实际产量 6 000 件，单位成本 195 元，则预算成本节约率为（　　）。

A. 17%　　B. －2.5%

C. 2.5%　　D. 6%

12. A 公司下设一个分公司，为利润中心，本年业绩下滑，为了分析分公司对 A 公司所做的经济贡献的评价指标是（　　）。

A. 利润中心边际贡献　　B. 利润中心可控边际贡献

C. 利润中心部门边际贡献　　D. 利润中心净利润

13. 公司采用固定股利政策发放股利的好处主要表现为（　　）。

A. 降低资金成本　　B. 维持股价稳定

C. 提高支付能力　　D. 实现资本保全

14. 某公司现有发行在外的普通股 1 000 万股，每股面值 1 元，资本公积 6 000 万元，未分配利润 8 000 万元，每股市价 20 元；若按 5% 的比例发放股票股利并按市价折算，公司资本公积的报表列示将为（　　）万元。

A. 7 000　　B. 5 050

C. 6 950　　D. 300

15. 某公司现有发行在外的普通股 1 000 000 股，每股面额 1 元，资本公积

3 000 000元，未分配利润 8 000 000 元，股票市价 20 元；若按 10% 的比例发放股票股利并按面值折算，公司未分配利润的报表列示金额为（　　）。

A. 6 000 000 元　　B. 8 100 000 元

C. 7 900 000 元　　D. 4 000 000 元

二、多选题

1. 下列销售预测方法中，属于定性分析法的有（　　）。

A. 德尔菲法　　B. 推销员判断法

C. 因果预测分析法　　D. 产品寿命周期分析法

2. 下列属于以市场需求为基础的定价方法有（　　）。

A. 需求价格弹性系数定价法　　B. 保本点定价法

C. 目标利润法　　D. 边际分析定价法

3. 下列差异中通常不属于生产部门责任的有（　　）。

A. 直接材料用量差异　　B. 直接人工工资率差异

C. 直接人工效率差异　　D. 变动制造费用耗费差异

4. A 公司下设一个分公司，为利润中心，本年业绩下滑，为了分析其经理人的业绩，需要考虑的影响因素有（　　）。

A. 可控固定成本　　B. 销售收入

C. 变动成本　　D. 不可控固定成本

5. 甲利润中心常年向乙利润中心提供劳务，在其他条件不变的情况下，如果提高劳务的内部转移价格，可能出现的结果有（　　）。

A. 甲利润中心内部利润增加　　B. 乙利润中心内部利润减少

C. 企业利润总额增加　　D. 企业利润总额不变

6. 处于初创阶段的公司，一般不宜采用的股利分配政策有（　　）。

A. 固定股利政策　　B. 剩余股利政策

C. 固定股利支付率政策　　D. 稳定增长股利政策

7. 公司在制定利润分配政策时应考虑的因素有（　　）。

A. 通货膨胀因素　　B. 股东因素

C. 法律因素　　D. 公司因素

8. 按照资本保全约束的要求，企业发放股利所需资金的来源包括（　　）。

A. 当期利润　　B. 留存收益

C. 原始投资　　D. 股本

9. 上市公司发放股票股利可能导致的结果有（　　）。

A. 公司股东权益内部结构发生变化　　B. 公司股东权益总额发生变化

C. 公司每股利润下降　　D. 公司股份总额发生变化

10. 股票分割的主要作用有（　　）。

A. 降低股票价格

B. 向市场和投资者传递“公司发展前景良好”的信号

C. 提高投资者对公司股票的信心

D. 稳定和提高股价

三、判断题

1. 某产品标明“原价250元，现促销价100元”，这种标价法属于心理定价策略中的双位定价策略。 （ ）

2. 理想标准成本是一种理论标准，是指在现有条件下所能达到的最优成本水平的成本标准。 （ ）

3. 正常标准成本通常应大于理想标准成本。 （ ）

4. 企业职工个人不能构成责任实体，因而不能成为责任控制体系的责任中心。 （ ）

5. 利润中心是指对利润负责，但不对成本负责的责任中心，它有独立或相对独立的收入和生产经营决策权。 （ ）

6. 在不同规模的投资中心之间进行业绩比较时，使用剩余收益指标优于投资报酬率指标。 （ ）

7. 协商价格是有范围的，协商价格的上限是市场价格，下限则是单位变动成本。 （ ）

8. 代理理论认为，高支付率的股利政策有助于降低企业的代理成本，但同时也会增加企业的外部融资成本。 （ ）

9. 所得税差异理论认为，公司采用高股利政策对股东有利。 （ ）

10. 采用剩余股利政策的优点是有利于保持理想的资金结构，降低企业的综合资金成本。 （ ）

职业技能训练

一、计算分析题

1. 某公司2004～2012年的产品销售量资料如表8－11所示：

表8－11 某公司销量资料表

年 度	2004	2005	2006	2007	2008	2009	2010	2011	2012
销售量（吨）	1 950	1 980	1 890	2 010	2 070	2 100	2 040	2 260	2 110
权 数	0.03	0.05	0.07	0.08	0.1	0.13	0.15	0.18	0.21

要求：

（1）根据以上相关资料，用算术平均法预测公司2013年的销售量。

（2）根据上述相关资料，用加权平均法预测公司2013年的销售量。

（3）要求分别用移动平均法和修正的移动平均法预测公司2013的销售量（假设样本期为4期）。

（4）若平滑指数 $\alpha = 0.6$，要求利用指数平滑法预测公司2013年的销售量（假设移动平均样本期为4期，以移动平均法确定前期预测值）。

2. 某企业生产D产品，设计生产能力为20 000件，计划生产15 000件，预计单位产品的变动成本为200元，计划期的固定成本费用总额为420 000元，该产品适用的消费税税率为5%，成本利润率必须达到25%。假定本年度接到一额外订单，订购2 000件D产品，单价265元。

要求：

（1）计算该企业计划内产品单位价格是多少？

（2）是否应接受额外订单？

3. 某企业生产甲产品，有关资料如下：

（1）预计本月生产甲产品600件，每件产品需10小时，制造费用预算为18 000元（其中变动性制造费用预算12 000元，固定制造费用预算6 000元），该企业产品的标准成本资料如表8-12所示：

表8-12　　甲产品标准成本表

成本项目	标准单价（标准分配率）	标准用量	标准成本
直接材料	0.6元/千克	100千克/件	60元/件
直接人工	4元/小时	10小时/件	40元/件
变动制造费用	2元/小时	10小时/件	20元/件
变动成本合计			120元/件
固定制造费用	1元/小时	10小时/件	10元/件
单位产品标准成本			130元/件

（2）本月实际投产甲产品520件，已全部完工入库，无期初、期末在产品。

（3）本月实际购买材料价格每千克0.62元，全月实际购买并全部实际耗用46 800千克。

（4）本月实际耗用工时5 200小时，每小时平均工资率3.8元。

（5）制造费用实际发生额16 000元（其中变动制造费用10 920元，固定制造费用5 080元），变动制造费用实际分配率为2.1元/小时。

要求计算甲产品的各项成本差异（固定制造费用成本差异按三差异法计算）。

4. 2012年M公司获得1 500万元净利润，其中300万元用于支付股利。2012年企业经营正常，在过去5年中，净利润增长率一直保持在10%。然而，预计2013年净利润将达到1 800万元，2013年公司预期将有1 200万元的投资机会。预计M公司未来无法维持2013年的净利润增长水平（2013年的高水平净利润归因于2013年引进的盈余水平超常的新生产线），2014年及以后公司仍将恢复到10%的增长率。2012年M公司的目标负债率为40%，未来将维持在此水平。

要求分别计算在以下各种情况下M公司2013年的预期股利：

（1）公司采取稳定增长的股利政策，2013年的股利水平设定旨在使股利能够按长期盈余增长率增长。

（2）公司保持2012年的股利支付率。

（3）公司采用剩余股利政策。

（4）公司采用低正常股利加额外股利政策，低正常股利基于长期增长率，超额股利基于剩余股利政策（分别指明低正常股利和超额股利）。

5. 某企业甲产品单位工时标准为 2 小时/件，标准变动费用分配率为 5 元/小时，标准固定制造费用分配率为 8 元/小时。本月预算产量为 10 000 件，实际产量为 12 000 件，实际工时为 21 600 元，实际变动制造费用与固定制造费用分别为 110 160 元和 250 000 元。

要求计算下列指标：

（1）单位产品的变动制造费用标准成本。

（2）单位产品的固定制造费用标准成本。

（3）变动制造费用效率差异。

（4）变动制造费用耗费差异。

（5）两差异法下的固定制造费用耗费差异。

（6）两差异法下的固定制造费用能量差异。

（7）补充三差异法下固定制造费用的耗费差异、产量差异和效率差异。

6. D 公司为投资中心，下设甲乙两个利润中心，相关财务资料如下：

资料一：甲利润中心营业收入为 38 000 元，变动成本总额为 14 000 元，利润中心负责人可控的固定成本为 4 000 元，利润中心负责人不可控但应由该中心负担的固定成本为 7 000 元。

资料二：乙利润中心负责人可控边际贡献额为 30 000 元，利润中心部门边际贡献总额为 22 000 元。

资料三：D 公司利润为 33 000 元，投资额为 200 000 元，该公司预期的最低投资报酬率为 12%。

要求：

（1）根据资料一计算甲利润中心的下列指标：

①利润中心边际贡献总额；

②利润中心可控边际贡献；

③利润中心部门边际贡献总额。

（2）根据资料二计算乙利润中心负责人不可控但应由该利润中心负担的固定成本。

（3）根据资料三计算 D 公司的剩余收益。

二、综合题

1. 某公司本年实现的净利润为 500 万元，资产合计 5 600 万元，当前每股市价 10 元。

年终利润分配前的股东权益项目资料如表 8－13 所示：

表 8－13　　某公司股东权益一览表　　单位：万元

股本—普通股（每股面值 4 元，200 万股）	800
资本公积	320
未分配利润	1 680
所有者权益合计	2 800

要求：计算回答下述互不相关的问题：

（1）计划按每10股送1股的方案发放股票股利，股票股利的金额按市价计算，计算完成这一分配方案后的股东权益各项目数额，以及每股收益和每股净资产。

（2）计划按每10股送1股的方案发放股票股利，股票股利的金额按市价计算，并按发放股票股利前的股数派发每股现金股利0.2元。计算完成这一分配方案后的股东权益各项目数额，以及每股收益和每股净资产。

（3）假设利润分配不改变市净率，公司按每10股送1股的方案发放股票股利，股票股利按现行市价计算，并按新股数发放现金股利，且希望普通股市价达到每股8元，计算每股现金股利应是多少。

（4）若计划每1股分割为4股，计算完成这一分配方案后的股东权益各项目数额，以及每股收益和每股净资产。

（5）分析发放股票股利和进行股票分割对公司的作用。

2. 某产品本月成本资料如表8-14、表8-15所示：

（1）

表8-14　　单位产品标准成本表

成本项目	用量标准	价格标准	标准成本
直接材料	50千克	9元/千克	450元/件
直接人工	B	4元/小时	A
变动制造费用	C	D	135元/件
固定制造费用	E	F	90元/件
合　计	—	—	855元/件

本企业该产品预算产量的工时用量标准为1 000小时，制造费用均按人工工时分配。

（2）本月实际产量20件，实际耗用材料900千克，实际人工工时950小时，实际成本如表8-15所示：

表8-15　　产品实际成本表　　单位：元

成本项目	实际成本
直接材料	9 000
直接人工	3 325
变动制造费用	2 375
固定制造费用	2 850
合　计	17 550

要求：

（1）填写标准成本卡中用字母表示的数据。

（2）计算本月产品成本差异总额。

（3）计算直接材料价格差异和用量差异。

（4）计算直接人工效率差异和工资率差异。

（5）计算变动制造费用耗费差异和效率差异。

（6）分别采用二差异法和三差异法计算固定制造费用差异。

三、案例分析题

（一）东方集团公司利润分析案例

情境与背景：东方集团公司下设多个责任中心，有关资料如下：

资料1：

表 8－16　各责任中心收益情况表

指　　标	A 投资中心	B 投资中心	C 投资中心
息税前利润（万元）	10 400	15 800	8 450
营业资产平均占用额（万元）	94 500	145 000	75 500
规定的最低投资报酬率	10%		

资料2：D 利润中心营业收入为 52 000 元，变动成本总额为 25 000 元，利润中心负责人可控的固定成本为 15 000 元，利润中心负责人不可控但应由该中心负担的固定成本为 6 000 元。

资料3：E 利润中心的边际贡献为 80 000 元，负责人可控边际贡献为 60 000 元，利润中心部门边际贡献总额为 45 000 元。

资料4：D 中心下设了两个成本中心，其中甲成本中心，生产一种产品，预算产量 5 000 件，预算单位成本 200 元，实际产量 6 000 件，实际成本为 1 170 000 元。

资料5：集团公司投资资本额为 4 000 000 元，预计要达到同行业平均的投资资本回报率 12% 的水平。

问题：

1. 根据资料 1 计算各个投资中心的下列指标：

（1）投资报酬率，并据此评价各投资中心的业绩。

（2）剩余收益，并据此评价各投资中心的业绩。

（3）分析比较利用投资报酬率和利用剩余收益衡量投资中心业绩的优缺点，并综合考虑集团公司应将资金投资于哪个中心。

2. 根据资料 2 计算 D 利润中心边际贡献总额、可控边际贡献和部门边际贡献总额。

3. 根据资料 3 计算 E 利润中心负责人的可控固定成本以及不可控但应由该利润中心负担的固定成本。

4. 根据资料 4 计算甲成本中心的预算成本节约额和预算成本节约率。

5. 根据资料 5 按照同行业平均的投资资本回报率标准确定公司应该完成的目标利润为多少？

（二）MBC 公司股利分配案例

情境与背景： MBC 公司股本结构不含有优先股。假定它拥有 20 万股面值为 2 元的在外普通股。该公司的创立者不幸于 2012 年末意外去世。这一事件发生后，人们估计 MBC 将进入一个持续低增长时期，其吸引人的投资必定很少。过去，MBC 认为有必要将其收益的大部分再投资，以保持其平均每年 12% 的增长率。现在看来，5% 的增长率比较切合实际，但这会要求增加其股利分配。此外，MBC 的股东要求收益率至少为 14%，2013 年的投资项目总额为 80 万元。预计 2013 年公司净收益为 200 万元，如果现行的 20% 股利发放率保持不变，那么，2013 年留存收益将为 160 万元。

问题：

1. 假定 2013 年投资项目全部通过留存收益筹集，MBC 公司奉行剩余股利政策，试计算 2013 年每股股利。

2. 2013 年的股利发放率为多少？

3. 如果 MBC 公司在可预见的将来可望保持增长的股利发放率，那么普通股的内在价值是多少？这一价值与以前情形（该创立者未逝）下的价值相比有无变化？为什么？（提示：根据 $Ks = D_1/P_0 + g$ 的公式，求出 P_0）。

4. 如果继续保持 20% 的股利发放率，普通股的内在价值为多少？试评价股利发放率的提高对股东财富的影响。

参考答案与提示

职业判断训练

一、单选题

1. D　2. B　3. B　4. C　5. D　6. B　7. D　8. B
9. A　10. D　11. C　12. C　13. B　14. C　15. C

二、多选题

1. ABD　2. AD　3. BD　4. ABC　5. ABD　6. ACD　7. ABCD
8. AB　9. ACD　10. ABC

三、判断题

1. √　2. √　3. √　4. ×　5. ×　6. ×　7. √　8. √
9. ×　10. √

职业技能训练

一、计算分析题

1.

(1) 算术平均法下，公司 2013 年的预测销售量为：

(1 950 + 1 980 + 1 890 + 2 010 + …… + 2 110)/9 = 2 045.56（吨）

（2）加权平均法下，公司 2013 年预测销售量为：

1 950 × 0.03 + 1 980 × 0.05 + 1 890 × 0.07 + …… + 2 110 × 0.21 = 2 086.5（吨）

（3）移动平均法：

①移动平均法下，公司 2013 年预测销售量为：

Y_{2013} = (2 100 + 2 040 + 2 260 + 2 110) ÷ 4 = 2 127.5（吨）

②修正的移动平均法下，假设公司 2013 年预测销售量为 Y_{n+1}：

Y_{2012} = (2 070 + 2 100 + 2 040 + 2 260) ÷ 4 = 2 117.5（吨）

2013 年预测销售量 = $Y_{n+1} + (Y_{n+1} - Y_n)$ = 2 127.5 + (2 127.5 − 2 117.5)

= 2 137.5（吨）

（4）指数平滑法，公司 2013 年预测销售量为：

0.6 × 2 110 + (1 − 0.6) × 2 117.5 = 2 113（吨）

2.

（1）计划内单位 D 产品价格 = $\dfrac{\left(\dfrac{420\ 000}{15\ 000} + 200\right) \times (1 + 25\%)}{1 - 5\%}$ = 300（元）

（2）追加生产 2 000 件的单件变动成本为 200 元，则：

计划外单位 D 产品价格 = $\dfrac{200 \times (1 + 25\%)}{1 - 5\%}$ = 263.16（元）

因为额外订单单价高于其按变动成本计算的价格，故应接受这一额外订单。

3.

（1）直接材料成本差异：

直接材料成本总差异 = 46 800 × 0.62 − 520 × 100 × 0.6 = −2 184（元）

材料价格差异 = (0.62 − 0.60) × 46 800 = 936（元）

材料用量差异 = (46 800 − 520 × 100) × 0.6 = −3 120（元）。

（2）直接人工成本差异：

直接人工成本总差异 = 5 200 × 3.8 − 520 × 10 × 4 = −1 040（元）

效率差异 = (5 200 − 520 × 10) × 4 = 0

工资率差异 = 5 200 × (3.8 − 4) = −1 040（元）。

（3）变动制造费用差异：

变动制造费用总差异 = 5 200 × 2.1 − 520 × 10 × 2 = 520（元）

耗费差异 = 5 200 × (2.1 − 2) = 520（元）

效率差异 = 2 × (5 200 − 520 × 10) = 0（元）。

（4）固定制造费用差异：

固定制造费用总差异 = 5 080 − 520 × 10 × 1 = −120（元）

耗费差异 = 5 080 − 6 000 = −920（元）

产量差异 = 6 000 − 1 × 5 200 = 800（元）

效率差异 = 1 × (5 200 − 5 200) = 0。

4.

（1）稳定增长的股利政策下公司 2013 年的预期股利 = 300 × (1 + 10%) = 330（万元）

（2）固定股利支付率的股利政策下公司 2013 年的预期股利 = 1 800 ×（300/1 500）
= 360（万元）

（3）剩余股利政策下公司 2013 年的预期股利 = 1 800 − 1 200 × 60% = 1 800 − 720
= 1 080（万元）

（4）低正常股利加额外股利政策下：

低正常股利 = 330 万元

超额股利 = 1 800 − 330 − 1 200 × 60% = 750（万元）

5.

（1）单位产品的变动制造费用标准成本 = 2 × 5 = 10（元/件）

（2）单位产品的固定制造费用标准成本 = 2 × 8 = 16（元/件）

（3）变动制造费用效率差异 =（21 600 − 12 000 × 2）× 5 = −12 000（元）

（4）变动制造费用耗费差异 =（110 160/21 600 − 5）× 21 600 = 2 160（元）

（5）固定制造费用耗费差异 = 250 000 − 10 000 × 2 × 8 = 90 000（元）

（6）固定制造费用能量差异 =（10 000 × 2 − 12 000 × 2）× 8 = −32 000（元）

（7）固定制造费用耗费差异 = 250 000 − 10 000 × 2 × 8 = 90 000（元）

固定制造费用产量差异 = 10 000 × 2 × 8 − 21 600 × 8 = −12 800（元）

固定制造费用效率差异 =（21 600 − 12 000 × 2）× 8 = −19 200（元）

6.

（1）①利润中心边际贡献总额 = 38 000 − 14 000 = 24 000（元）

②利润中心可控边际贡献 = 24 000 − 4 000 = 20 000（元）

③利润中心部门边际贡献总额 = 20 000 − 7 000 = 13 000（元）

（2）乙利润中心负责人不可控但应由该利润中心负担的固定成本 = 30 000 − 22 000
= 8 000（元）

（3）D 公司的剩余收益 = 33 000 − 200 000 × 12% = 9 000（元）

二、综合题

1.

（1）发放股票股利后的普通股数 = 200 ×（1 + 10%）= 220（万股）

发放股票股利后的普通股本 = 4 × 220 = 880（万元）

发放股票股利后的未分配利润 = 1 680 − 20 × 10 = 1 480（万元）

发放股票股利后的资本公积 = 320 + 20 ×（10 − 4）= 440（万元）

发放股票股利后的所有者权益总额 = 2 800 万元

每股收益 = 500/220 = 2.27（元）

每股净资产 = 2 800/220 = 12.73（元）

（2）发放股票股利前的普通股数 = 200 万股

发放股票股利后的普通股数 = 200 ×（1 + 10%）= 220（万股）

发放股票股利后的普通股本 = 4 × 220 = 880（万元）

发放股票股利后的资本公积 = 320 + 20 ×（10 − 4）= 440（万元）

现金股利 = 0.2 × 200 = 40（万元）

利润分配后的未分配利润 = 1 680 - 10 × 20 - 40 = 1 440（万元）

利润分配后的所有者权益总额 = 880 + 440 + 1 440 = 2 760（万元）

每股收益 = 500/220 = 2.27（元）

每股净资产 = 2 760/220 = 12.55（元）

（3）分配前市净率 = 10 ÷（2 800 ÷ 200）= 10/14

分配后市净率 = 8/分配后的每股净资产

分配后的每股净资产 = 11.2 元

分配后的总净资产 = 11.2 × 220 = 2 464（元）

发放现金股利 = 2 800 - 2 464 = 336（元）

每股现金股利 = 336 ÷ 220 = 1.53（元）

（4）分割后的股数为 800 万股，股东权益各项目金额不变。

每股收益 = 500/800 = 0.63（元）

每股净资产 = 2 800/800 = 3.5（元）

（5）股票股利对公司的作用在于：

①不需要向股东支付现金，再投资机会较多的情况下，公司就可以为再投资提供成本较低的资金，从而有利于公司的发展。

②可以降低公司股票的市场价格，既有利于促进股票的交易和流通，又有利于吸引更多的投资者成为公司股东，进而使股权更为分散，有效地防止公司被恶意控制。

③可以传递公司未来发展良好的信息，从而增强投资者的信心，在一定程度上稳定股票价格。

股票分割对公司的作用在于：

①降低股票价格，从而促进股票的流通和交易。

②向市场和投资者传递"公司发展前景良好"的信号，有助于提高投资者对公司股票的信心。

2.

（1）A = 855 - 450 - 135 - 90 = 180（元/件）

B = 180 ÷ 4 = 45（小时）

C = E = B = 45（小时）

D = 135 ÷ 45 = 3（元/小时）

F = 90 ÷ 45 = 2（元/小时）

（2）本月产品成本差异总额 = 17 550 - 855 × 20 = 450（元）

（3）直接材料价格差异 =（实际价格 - 标准价格）× 实际用量

= （9 000/900 - 9）× 900 = 900（元）

直接材料用量差异 =（实际用量 - 实际产量下标准用量）× 标准价格

= （900 - 50 × 20）× 9 = -900（元）

（4）直接人工工资率差异 = 实际人工工时 ×（实际工资率 - 工资率标准）

= （3 325/950 - 4）× 950 = -475（元）

直接人工效率差异 =（实际人工工时 - 实际产量下标准人工工时）× 工资率标准

= （950 - 45 × 20）× 4 = 200（元）

（5）变动制造费用耗费差异 = 实际工时 ×（变动费用实际分配率 - 变动费用标准分配率）

$= (2\ 375/950 - 3) \times 950 = -475$（元）

变动制造费用效率差异 =（实际工时 - 实际产量下标准工时）× 变动制造费用标准分配率

$= (950 - 45 \times 20) \times 3 = 150$（元）

（6）二差异分析法：

固定制造费用耗费差异 = 实际固定制造费用 - 预算产量标准工时 × 标准分配率

$= 2\ 850 - 2 \times 1\ 000 = 850$（元）

固定制造费用能量差异 =（预算产量下的标准工时 - 实际产量下的标准工时）× 标准分配率

$= (1\ 000 - 20 \times 45) \times 2 = 200$（元）

三差异分析法：

固定制造费用耗费差异 = 850 元

固定制造费用效率差异 =（实际产量下的实际工时 - 实际产量下的标准工时）× 标准分配率

$= (950 - 20 \times 45) \times 2 = 100$（元）

固定制造费用产量差异 =（预算产量下的标准工时 - 实际产量下的实际工时）× 标准分配率

$= (1\ 000 - 950) \times 2 = 100$（元）

三、案例分析题

（一）

1.（1）投资报酬率：

A 投资中心的投资报酬率 $= \dfrac{10\ 400}{94\ 500} \times 100\% \approx 11.01\%$

B 投资中心的投资报酬率 $= \dfrac{15\ 800}{145\ 000} \times 100\% \approx 10.90\%$

C 投资中心的投资报酬率 $= \dfrac{8\ 450}{75\ 500} \times 100\% \approx 11.19\%$

评价：C 投资中心业绩最优，B 投资中心业绩最差，A 投资中心居中。

（2）剩余收益：

A 投资中心的剩余收益 $= 10\ 400 - 94\ 500 \times 10\% = 950$（万元）

B 投资中心的剩余收益 $= 15\ 800 - 145\ 000 \times 10\% = 1\ 300$（万元）

C 投资中心的剩余收益 $= 8\ 450 - 75\ 500 \times 10\% = 900$（万元）

评价：B 投资中心业绩最优，A 投资中心次之，C 投资中心业绩最差。

（3）综合评价：

投资报酬率的优点是能够反映投资中心的综合获利能力；具有横向可比性；不仅可以促使经理人关注营业资产运用效率，而且尤为重要的是，它有利于资产存量的调整，优化资源配置；但是投资报酬率的缺点是过于关注该指标会引起短期行为的产生，追求局部利润最大化而损害整体利益最大化目标，导致经理人为眼前利益而牺牲长远利益。

剩余收益指标的优点是弥补了投资报酬率指标会使局部利益与整体利益相冲突的不足；但剩余收益指标的缺点是由于其是一个绝对指标，故而难以在不同规模的投资中心之间进行业绩比较；此外剩余收益同样只反映当期业绩，单纯使用这一指标也会导致投资中心管理者的短视行为。

综合考虑从对企业的贡献来看，B 投资中心业绩最优，A 投资中心次之，C 投资中心最差。

2.（1）利润中心边际贡献总额 = 52 000 - 25 000 = 27 000（元）

（2）利润中心可控边际贡献 = 27 000 - 15 000 = 12 000（元）

（3）利润中心部门边际贡献总额 = 12 000 - 6 000 = 6 000（元）

3. E 利润中心负责人可控固定成本 = 80 000 - 60 000 = 20 000（元）

E 利润中心负责人不可控但应由该利润中心负担的固定成本 = 60 000 - 45 000 = 15 000（元）

4.（1）甲中心预算成本节约额 = 预算责任成本 - 实际责任成本 = 200 × 6 000 - 1 170 000 = 30 000（元）

（2）甲中心预算成本节约率 = 预算成本节约额/预算成本 × 100% = 30 000/(200 × 6 000) = 2.5%

5. 应完成的目标利润 = 4 000 000 × 12% = 480 000（元）

（二）

1. 每股股利 $=\dfrac{200-80}{20}=6$ 元/股 $=D_1$

2. EPS = 200 ÷ 20 = 10 元/股

股利发放率 = DPS/EPS = 60%

3.

$$P_0=\frac{D_1}{R_s-g}=\frac{6}{14\%-5\%}=66.67\text{（元）}$$

4. 如果按股利发放率（20%）计算，

$D_1=2$ 元（EPS × 股利发放率 = 10 × 20%），则

$$P_0=\frac{2}{14\%-12\%}=100\text{（元/股）}$$

尽管企业陷入了严重的倒退，但它的现有资产仍能提供相当的收益，而这些收益大多将转移给股东，因为内部增长减缓减少了对资本的需求，结果导致股价下跌了 33%。

学习情境九
预　算　管　理

知识与技能回顾

一、内容结构

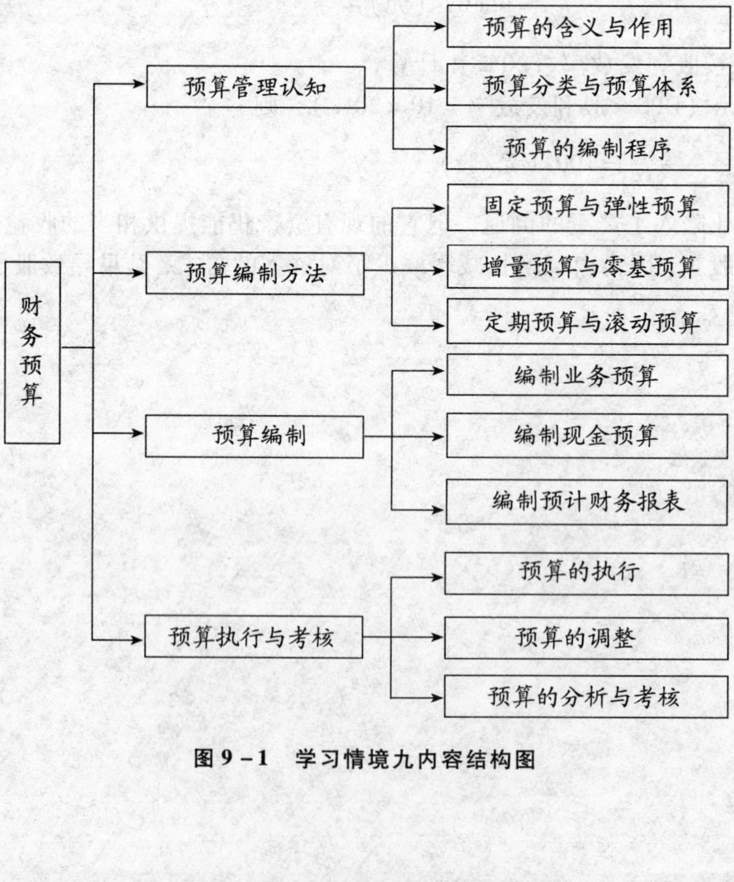

图9-1　学习情境九内容结构图

二、内容提要

财务预算是一系列专门反映企业未来一定预算期内预计财务状况和经营成果，以及现金收支等价值指标的各种预算的总称，包括现金预算、预计利润表、预计资产负债表等内容。编制财务预算是企业财务管理的一项重要工作，它起到了明确目标、协调各部门的工作、有利于控制与考核和合理配置资源的作用。根据预算内容不同，可以分为业务预算（即经营预算）、专门决策预算、财务预算，从预算指标覆盖的时间长短划分，企业预算可分为长期预算和短期预算。预算编制具体分为：下达目标、编制上报、审查平衡、审议批准与下达执行等步骤。

预算的编制方法多种多样，主要包括固定预算和弹性预算、增量预算和零基预算、定期预算和滚动预算。固定预算是根据预算内正常的、可实现的某一业务量水平编制的预算，一般适用于固定费用或者数额比较稳定的预算项目。弹性预算是为克服固定预算的缺点而设计的，它是指按照预算期内可预见的多种业务量水平而编制的、能够适应不同业务量情况的预算。增量预算是以基期的成本费用实际水平为基础，结合预算期业务量水平以及有关降低成本的措施，调整部分原有的成本费用项目而编制的预算。零基预算对预算收支以零为基点，对预算期内各项支出的必要性、合理性或者各项收入的可行性以及预算数额的大小，逐项审议决策从而予以确定收支水平的预算。定期预算，是指在编制预算时通常以某个特定的会计年度作为预算期的一种预算编制方法。滚动预算是随时间的推移和市场条件的变化而自行延伸并进行同步调整的预算，一般适用于季度预算的编制。

业务预算是反映企业在计划期内日常发生的各种具有实质性的基本活动的预算。业务预算是在经营预测和短期经营决策的基础上，对企业在预算期内投入资金的取得、成本费用的发生和利润的实现等所进行的合理调节与全面安排，是控制企业未来一定期间生产经营活动的有效手段，是强化企业内部管理的必要环节。它主要包括销售预算、生产预算、直接材料采购预算、直接人工预算、制造费用预算、单位生产成本预算、销售及管理费用预算等等。现金预算是用来反映企业在计划期间预计的现金收支的详细情况而编制的预算。财务报表预算包括利润表预算和资产负债表预算。利润表预算是在各项经营预算的基础上，根据权责发生制编制的损益表。资产负债表预算与实际的资产负债表内容、格式相同，只不过数据是反映预算期末的财务状况。

企业预算一经批复下达，各预算执行单位就必须认真组织实施，将预算指标层层分解，从横向到纵向落实到内部各部门、各单位、各环节和各岗位，形成全方位的预算执行责任体系。

企业正式下达执行的预算，一般不予调整。预算执行单位在执行中由于市场环境、经营条件、政策法规等发生重大变化，致使预算的编制基础不成立，或者将导致预算执行结果产生重大偏差的，可以调整预算。

企业应当建立预算分析制度，由预算委员会定期召开预算执行分析会议，全面掌握预算的执行情况，研究、解决预算执行中存在问题，纠正预算的执行偏差。企业预算执行考核是企业效绩评价的主要内容，应当结合年度内部经济责任制进行考核，与预算执行单位负责人的奖惩挂钩，并作为企业内部人力资源管理的参考。

三、主要公式

1. 预计销售收入：

某种产品预计销售收入 = 该种产品预计单价 × 该种产品预计销售量

2. 某种产品的预计生产量：

某种产品的预计生产量 = 预计销售量 + 预计期末存货量 − 预计期初存货量

3. 预计采购量：

预计采购量 = 预计生产需用量 + 预计期末存料量 − 预计期初存料量

4. 直接人工预算：

直接人工预算 = 预计生产量 × $\sum$（单位工时工资率 × 单位产品工时定额）

5. 变动制造费用标准分配率：

变动制造费用标准分配率 = 变动制造费用预算总额 ÷ 直接人工标准总工时

6. 现金预算：

当前可动用现金合计 = 期初现金余额 + 现金收入

现金溢余或短缺 = 当前可动用现金合计 − 现金支出

期末现金余额 = 现金溢余或短缺 + 资金的筹集与运用

四、主要工作任务

序　号	典型工作任务
1	区分固定预算与弹性预算
2	区分增量预算与零基预算
3	区分定期预算与滚动预算
4	编制业务预算
5	编制现金预算
6	编制预计财务报表

职业判断训练

一、单选题

1. 下列预算中，不属于日常业务预算的是（　　）。

A. 生产成本预算　　B. 销售预算

C. 现金预算　　D. 直接材料预算

2. 能够同时以实物量指标和价值量指标分别反映企业经营收入和相关现金收入的

预算是（　　）。

A. 现金预算　　B. 销售预算

C. 生产预算　　D. 产品生产成本预算

3. 在财务预算中，用以反映企业预算期期末财务状况的财务报表是（　　）。

A. 现金预算　　B. 预计利润表

C. 预计资产负债表　　D. 预计现金流量表

4. 以下各项中，不属于财务预算的是（　　）。

A. 预计现金流量表　　B. 现金预算

C. 生产成本预算　　D. 预计资产负债表

5. 在基期成本费用水平的基础上，结合预算期业务量及有关降低成本的措施，通过调整有关原有成本项目而编制预算的一种方法，称为（　　）。

A. 静态预算　　B. 零基预算

C. 滚动预算　　D. 增量预算

6. 企业预算是从编制（　　）开始的。

A. 生产预算　　B. 销售预算

C. 产品成本预算　　D. 现金预算

7. 在编制预算时，预算期必须与会计年度口径一致的编制方法是（　　）。

A. 定期预算　　B. 零基预算

C. 滚动预算　　D. 弹性预算

8. 在编制制造费用预算时，将制造费用预算扣除（　　）后，调整为现金收支的费用。

A. 变动制造费用　　B. 管理人员工资

C. 折旧　　D. 水电费

9. 直接材料预算主要是根据（　　）编制的。

A. 销售预算　　B. 生产预算

C. 现金预算　　D. 产品成本预算

10. 预计利润表中，利息支出是依据（　　）确定的。

A. 销售预算　　B. 生产预算

C. 产品生产成本预算　　D. 现金预算

二、多选题

1. 下列各项中，属于现金支出预算内容的有（　　）。

A. 直接材料　　B. 直接人工

C. 购置固定资产　　D. 制造费用

E. 生产预算

2. 下列各项中，属于日常业务预算的内容有（　　）。

A. 生产预算　　B. 产品成本预算

C. 现金预算　　D. 制造费用预算

E. 资本预算

3. 下列各项中，属于滚动预算优点的有（　　）。

A. 透明度高　　B. 及时性强

C. 连续性　　D. 完整性

E. 工作量小

4. 下列项目中，属于产品生产成本预算内容的有（　　）。

A. 期末存货成本　　B. 本期销售成本

C. 本期生产成本　　D. 直接人工预算

E. 直接材料预算

5. 在财务预算中，专门用以反映企业未来一定预算期内预计财务状况和经营成果的预算为（　　）。

A. 现金预算　　B. 预计资产负债表

C. 预计利润表　　D. 预计现金流量表

E. 利润预算

6. 从实用角度看，弹性预算主要用于编制（　　）。

A. 特种决策预算　　B. 成本预算

C. 利润预算　　D. 销售及管理费用预算

E. 预计利润表

7. 编制现金预算的依据有（　　）。

A. 销售预算　　B. 直接材料预算

C. 生产预算　　D. 直接人工预算

E. 预计资产负债表

8. 在编制全面预算时，必须要编制以下预算（　　）。

A. 日常业务预算　　B. 财务预算

C. 生产预算　　D. 特种决策预算

E. 预计利润表

9. 生产预算是编制（　　）的依据。

A. 直接材料预算　　B. 直接人工预算

C. 产品成本预算　　D. 现金预算

E. 销售预算

10. 在下列各项中，被纳入现金预算的有（　　）。

A. 经营性现金收入　　B. 经营性现金支出

C. 资本性现金支出　　D. 现金收支差额

E. 预算期初现金余额

三、判断题

1. 财务预算是关于企业在未来一定期间内财务状况和经营成果以及现金收支等价值指标的各种预算总称。（　　）

2. 生产预算是日常业务预算中唯一仅以实物量作为计量单位的预算，不直接涉及现金收支。（　　）

3. 能够克服固定预算缺点的预算方法是滚动预算。（　）

4. 滚动预算的主要特点是预算期永远保持 12 个月。（　）

5. 销售预算是关于销售数量和销售收入的预算。（　）

6. 在编制制造费用预算时，应将固定资产折旧费剔除。（　）

7. 在编制零基预算时，应以企业现有的费用水平为基础。（　）

8. 销售管理费用预算是根据生产预算来编制的。（　）

9. 预计资产负债表是以本期期初实际资产负债表各项目的数字为基础，进行必要的调整而编制的。（　）

10. 固定预算的编制完全依赖一种业务量。（　）

职业技能训练

一、计算分析题

1. 华泰科技服装股份有限公司生产男士运动套装，每套服装消耗布料成本为 184 元，直接人工成本为 25.6 元/套，变动制造费用为 6.4 元/套，每年固定制造费用为 1 860 000元，预计 2013 年生产 500 000 套。由于市场波动较大，实际产量可能与预计产量发生偏离，故编制实际产量为预计产量的 80% ~120%，即产量分别为 400 000 套、450 000 套、500 000 套、550 000 套、600 000 套的弹性预算。

要求：请编制华泰科技服装股份有限公司 2013 年男士运动套装生产成本的弹性预算表。

2. 某商业企业只经销一种商品 A，该商品的进货成本为 5 元/件，平均在 15 天后付款。编制预算时月底存货为次月销售的 10% 加 1 000 件。2012 年 2 月底该企业的实际存货为 4 000 件，应付账款余额为 77 500 元，2012 年 3 月预计销售 40 000 件，2012 年 4 月预计销售 25 000 件。

要求：请为该企业编制 A 商品的采购预算，预算主要包括以下内容：

（1）该企业 2012 年 3 月的预计采购量。

（2）该企业 2012 年 3 月的采购现金支出合计。

3. 某企业 2013 年编制的弹性利润预算的有关资料如表 9－1 所示。

表 9－1　弹性利润预算　　单位：元

项　目	预　算	备　注
销售收入	800 000	
销售成本	450 000	其中：固定制造费用 80 000 元
销售及管理费用	160 000	其中：固定销售及管理费用 85 000 元

要求：（1）计算该企业 2013 年边际贡献的预算数。

（2）计算该企业 2013 年利润的预算数。

4. 某企业生产和销售 A 种产品，2013 年四个季度的预计销售量分别为 1 000 件、

1 500件、2 000 件和 1 800 件。A 种产品预计单位售价为 100 元。假设每季度销售收入中，本季度收到现金 60%，另外 40% 要到下季度才能收回。上年末应收账款余额为 60 000元。

要求：(1) 计算各季度销售收入预算数。

(2) 计算各季度现金收入预算数。

(3) 计算年末应收账款预算数。

5. 某企业拟编制 2012 年 9 月份的现金收支预算。预计 2012 年 9 月初的现金余额为 9 000 元；月初应收账款为 40 000 元，预计可收回 60%；本月销售收入为 200 000 元，预计现销比例为 40%；本月采购材料费用为 40 000 元，预计现付比例为 50%；月初应付账款为 30 000 元，需在月内全部付清；月内需支付的工资为 35 000 元，制造费用为 18 000 元，营业费用为 13 000 元，管理费用为 36 000 元；购置设备需支付的现金为 20 000元。企业现金不足时，可向银行借款，借款金额为 2 000 元的倍数；现金多余时可购买有价证券。企业月末现金余额不低于 8 000 元。

要求：(1) 计算本月经营现金收入。

(2) 计算本月经营现金支出。

(3) 计算本月现金收支差额。

(4) 确定最佳资金筹措或运用数。

(5) 确定现金月末余额。

6. 某企业生产 B 种产品，2013 年四个季度的预计销售量分别为 2 000 件、1 800 件、2 400 件和 2 200 件；年初结存量为 400 件；预计各季度的期末结存量为下一季度销售量的 20%；预计 2013 年第一季度的销售量为 2 100 件。计算各季度生产量的预算数。

二、综合题

1. 某企业的装配车间，正常年生产能力的机器工作小时为 6 000 小时，有关制造费用的资料如表 9－2 所示。

表 9－2　　制造费用统计表

费用项目	变动费用率（元/小时）	固定费用（元/6 000 小时）
间接材料	15	1 200
间接人工	3	48 000
维修费用	3	3 600
水电费	2	2 400
折旧费		90 000
办公费		1 800
其他费用		5 400
小　计	23	152 400

要求：(1) 若 2013 年的生产能力预计为 5 400 小时，计算装配车间的制造费用预算。

（2）若2013年的生产能力预计为6 600小时，固定费用中的折旧费将增长5%，计算装配车间的制造费用预算。

2. 某企业的一车间，年生产甲产品的能力为30 000件，每件产品工时定额为2小时，2012年有关制造费用的资料如表9－3所示。

表9－3 制造费用统计表 单位：元

项 目	每小时变动费	全年预算固定成本	全年实际费用（元）33 000件
间接材料	0.50	11 000	26 340
间接人工	0.30	3 000	15 050
电力	0.18	2 000	8 800
修理费	0.12	4 000	7 200
折旧		9 000	10 000
其他		5 000	6 000
合计	1.10	34 000	73 390

如果年产量达到正常生产能力的110%，则固定成本中的间接材料将增加1%，修理费用增加5%，折旧增加10%。根据上列资料，按正常生产能力的90%、100%、110%、120%分别编制制造费用弹性预算。

3. 假定滨海公司在预算年度（2013年）生产销售两种产品，甲产品的销售单价为80元，乙产品的销售单价为100元，增值税率为17%。每季的商品销售在当季收到货款的40%，其余部分在下季收讫。基期（2012年）末的甲产品应收账款余额为675 000元。请将该公司2013年度的分季销售预算表9－4填列完整。

表9－4 2013年滨海公司销售预算 单位：元

摘 要		第一季度	第二季度	第三季度	第四季度	全年
预计销售数量（件）	甲产品	1 600	1 800	2 000	1 800	7 200
	乙产品	2 000	2 200	2 400	2 200	8 800
预计销售单价	甲产品	80	80	80	80	80
	乙产品	100	100	100	100	100
预计销售收入	甲产品					
	乙产品					
	合计					
增值税销项税额						
含税销售收入						
预计现金收入计算表	期初应收账款					
	第一季度销售收入					
	第二季度销售收入					
	第三季度销售收入					
	第四季度销售收入					
	现金收入合计					

4. 大华公司有关资料如下：

（1）大华公司3～7月份的销售量分别为10 000件、11 000件、12 000件、13 000件、12 000件，单价（不含税）为10元，每月含税销售收入中，当月收到现金60%，下月收到现金40%，增值税税率为17%。

（2）各月商品采购成本按下一个月含税的销售收入的80%计算，所购货款于当月支付现金40%，下月支付现金60%。

（3）大华公司4～6月份的制造费用分别为10 000元、11 000元、12 000元，每月制造费用中包括折旧费5 000元。

（4）大华公司4月份购置固定资产，需要现金20 000元。

（5）大华公司在现金不足时，向银行借款（为1 000元的倍数），短期借款利率为6%；现金有多余时，归还短期借款（为1 000元的倍数）。借款在期初，还款在期末，3月末的长期借款余额为20 000元，借款年利率12%，短期借款余额为0。假设短期借款和长期借款均为每季度末支付利息。

（6）大华公司规定的现金余额的额定范围为7 000～8 000元，假设大华公司消费税率为8%，城市维护建设税税率为7%，教育费附加征收率为3%，其他资料见现金预算表9－5。

表9－5　现金预算表　单位：元

月　份	4	5	6
期初现金余额	15 000		
经营现金收入			
直接材料采购支出			
直接工资支出	5 000	5 500	5 500
制造费用支出			
其他付现费用	500	400	600
应交税金及附加支出			
预交所得税			10 000
购置固定资产	20 000		
现金余缺			
举借短期借款			
归还短期借款			
支付借款利息			
期末现金余额			

要求：根据以上资料，完成该大华公司4～6月份现金预算的编制工作。

三、案例分析题

（一）苏州新苏纶纺织有限公司预算管理模式分析

背景与情境：

苏州新苏纶纺织有限公司（简称“新苏纶”）是一个传统的纺织企业，市场相对稳定，整个企业处于稳步发展的阶段。在这一时期，如果采用扩大销售的方法来提高企业的利润，不是非常有效，因此，提高企业利润的重心应放在加强成本费用的管理上。为与企业的发展阶段相适应，新苏纶在进行预算管理时，采用以成本费用为中心的预算管理模式，对企业的成本费用进行事前、事中和事后管理。为实现以成本、费用为中心的预算管理模式，新苏纶设计了预算管理框架。

1. 预算的编制方法。新苏纶采用零基预算的方法，每月由各部门对其资金收支情况进行预算，总会计师和总经理确认预算合理以后，财务部门将全企业的预算进行汇总，形成全企业的月份资金使用总预算。各部门有时需要根据业务发展态势调整本月预算。出现这种情况时，要求追加用款的部门需要填写“月度用款追加计划申请表”，说明申请追加用款的理由及金额，总经理审批通过后，方可加入预算范围内。

2. 预算的执行和控制。公司对预算的执行情况采用双轨制进行记录，即对每一笔支出，都需要财务人员填制凭证，在总账子系统中自动登记总账和明细账。同时，经手人都必须填写“申请领用支票及申请付款工作联系单”，并在“限额费用使用手册”上进行登记，控制成本费用的发生。限额费用使用手册类似于为预算管理所设计的责任会计账。

为了进行预算控制，公司需要对各部门的差旅费、业务招待费等项目设置预算并进行实时控制，根据预算数和实际数计算出差异，同时把各种控制项目用相应的科目和部门进行反映和控制。

3. 预算的考评。月末对限额费用使用手册进行汇总，得到资金费用使用汇总表，随后将汇总表和预算进行比较，找出两者的差异，并进一步分析差异形成的原因。新苏纶对各部门的费用支出在进行预算的基础上实行有效的控制，从而对整个企业的成本费用起到了非常好的监控作用。此外，事后的差异分析也为各部门的业绩考核提供了依据，使企业的奖惩制度有了实行的基础。

陈春认为零基预算能合理的安排资金、加强对成本费用的控制，因此，能极大提高公司的经营效率，零基预算可以说是预算管理的灵丹妙药。

问题：

1. 你如何评价陈春关于零基预算的认识？
2. 分析新苏纶预算管理的意义及目标。

（二）麦灿公司全面预算案例

背景与情境：

麦灿公司生产经营甲、乙两种产品，2013 年年初的应收账款数据、各季度预测的销售价格和销售数量等资料如表 9－6 所示。

表 9－6　　2013 年度麦灿公司的预计销售资料

<table>
<tr><th colspan="2" rowspan="2">季　度</th><th rowspan="2">1</th><th rowspan="2">2</th><th rowspan="2">3</th><th rowspan="2">4</th><th rowspan="2">年初应收账款（元）</th><th rowspan="2">增值税率</th><th colspan="2">收现率</th></tr>
<tr><th>首期</th><th>二期</th></tr>
<tr><td rowspan="2">甲产品</td><td>销售单价（元/件）</td><td>65</td><td>65</td><td>65</td><td>70</td><td rowspan="2">19 000</td><td rowspan="4">17%</td><td rowspan="4">60%</td><td rowspan="4">40%</td></tr>
<tr><td>预计销售量（件）</td><td>800</td><td>1 000</td><td>1 200</td><td>1 000</td></tr>
<tr><td rowspan="2">乙产品</td><td>销售单价（元/件）</td><td>80</td><td>80</td><td>80</td><td>75</td><td rowspan="2">12 000</td></tr>
<tr><td>预计销售量（件）</td><td>500</td><td>800</td><td>1 000</td><td>1 200</td></tr>
</table>

资料显示，到第四季度，甲、乙两种产品的单价都比前三个季度有所变化；每种产品每季的销售中有60%于当季收到现金，其余40%要到下季收讫。

麦灿公司甲、乙两种产品2013年期初的实际存货量和年末的预计存货量等资料如表9－7所示。

表9－7　　　　**2013年度麦灿公司的存货资料**

品种	年初产成品存货量（件）	年末产成品存货量（件）	年初在产品存货量（件）	年末在产品存货量（件）	预计期末产成品占下期销量的百分比	年初产成品成本	
						单位额（元）	总额（元）
甲产品	80	120	0	0	10%	40	3 200
乙产品	50	130	0	0	10%	62	3 100

麦灿公司甲、乙两种产品2013年需用的各种材料消耗定额及其采购单价资料如表9－8所示；各种材料年初和年末的存货量，以及有关账户余额等资料如表9－9所示。

表9－8　　　　**2013年麦灿公司的材料消耗定额及采购单价资料**

产品品种	季度	1	2	3	4	资料来源
甲产品材料消耗定额（件）	A材料	3	3	3	4	
	B材料	2	2	2	2	
乙产品材料消耗定额（件）	A材料	5	5	5	4.5	
	C材料	2	2	2	2	
材料采购单价（元）	A材料	4	4	4	4	
	B材料	5	5	5	5	
	C材料	6	6	6	6	
	D材料				10	

表9－9　　　　**2013年麦灿公司的材料存货量与其他资料**

材料名称	年初存货量（件）	年末存货量（件）	预计期末存货量占下期需用量的百分比	增值税税率	年初余额		付现率	
					应付账款（元）	库存材料（元）	首期	二期
A材料	1 500	1 800	20%					
B材料	480	720	30%	17%	14 400	10 200		
C材料	300	500	30%				60%	40%
D材料	0	1 000	为下一年度开发丙产品做准备，于第四季度购买					

表9－9显示，到第四季度，甲、乙两种产品消耗A材料的定额都将进行调整，预计C材料的单价也将有所变动。企业每季度的采购金额中，有60%于当季支付现金，其余40%要到下季付讫。

麦灿公司在编制预算时采用变动成本法，变动性制造费用按各种产品直接人工工时比例分配，2013 年预计的直接人工工时资料和制造费用预算如表 9 – 10 所示。除折旧费以外的各项制造费用均以现金支付。其中，租赁费 3 000 元是根据年初作出的专门决策确定的。

表 9 – 10　　2013 年麦灿公司的人工工时和制造费用预算　　单位：元

变动性制造费用			固定性制造费用			资料来源
1	间接材料	10 000	1	管理人员工资	9 100	
2	间接人工成本	7 600	2	折旧费	15 347	
3	维修费	6 145	3	办公费	6 500	
4	水电费	7 280	4	保险费	3 200	
5	其他	4 173	5	租赁费	3 000	
	合计	35 198	6	其他	1 000	
				合计	38 147	
	直接人工工时总数	29 332		减：折旧费	15 347	非付现成本
预算分配率 = 35 198 ÷ 29 332 ≈ 1.20				现金支出合计	22 800	
			各季支出数 = 22 800 ÷ 4 = 5 700			

问题：

1. 编制麦灿公司 2013 年的销售预算、经营现金收入预算、生产预算、直接材料采购预算、现金预算与制造费用预算。

2. 请简要分析财务预算在企业管理中的作用。

参考答案与提示

职业判断训练

一、单选题

1. C　2. B　3. C　4. C　5. D　6. B　7. A　8. C
9. B　10. D

二、多选题

1. ABCD　2. ABD　3. BCD　4. ABC　5. ABC　6. BCD
7. ABD　8. ABCE　9. ABCD　10. ABCDE

三、判断题

1. √　2. √　3. ×　4. ×　5. ×　6. ×　7. ×　8. ×
9. ×　10. √

职业技能训练

一、计算分析题

1. 华泰科技服装股份有限公司2013年男士运动套装生产成本的弹性预算表见表9－11。

表9－11 弹性预算表 单位：元

生产能力		80%	90%	100%	110%	120%
产量/套		400 000	450 000	500 000	550 000	600 000
成本项目	单位成本	总成本	总成本	总成本	总成本	总成本
直接材料	184	7 360 000	8 280 000	9 200 000	10 120 000	11 040 000
直接人工	25.6	1 024 000	1 152 000	1 280 000	1 408 000	1 536 000
变动制造费用	6.4	256 000	288 000	320 000	352 000	384 000
小计	216	8 640 000	9 720 000	10 800 000	11 880 000	12 960 000
固定制造费用（总额）	1 860 000	1 860 000	1 860 000	1 860 000	1 860 000	1 860 000
生产成本预算额		10 500 000	11 580 000	12 660 000	13 740 000	14 820 000

2. （1）商品采购量＝销售量＋该种商品期末结存量－该种材料期初结存量

＝40 000＋（25 000×10%＋1 000）－4 000＝39 500（件）

（2）采购现金支出合计＝77 500＋39 500×5×50%＝176 250（元）

3. （1）该企业2013年边际贡献的预算数＝800 000－（450 000－80 000）－（160 000－85 000）

＝355 000（元）

（2）该企业2013年利润的预算数＝800 000－450 000－160 000＝190 000（元）

4. （1）第一季度销售收入预算数＝100×1 000＝100 000（元）

第二季度销售收入预算数＝100×1 500＝150 000（元）

第三季度销售收入预算数＝100×2 000＝200 000（元）

第四季度销售收入预算数＝100×1 800＝180 000（元）

（2）第一季度现金收入预算数＝60 000＋100 000×60%＝120 000（元）

第二季度现金收入预算数＝100 000×40%＋150 000×60%＝130 000（元）

第三季度现金收入预算数＝150 000×40%＋20 000×60%＝180 000（元）

第四季度现金收入预算数＝200 000×40%＋180 000×60%＝188 000（元）

（3）年末应收账款预算数＝180 000×40%＝72 000（元）

5. （1）本月经营现金收入＝40 000×60%＋200 000×40%＝104 000（元）

（2）本月经营现金支出＝40 000×50%＋30 000＋35 000＋18 000＋13 000＋36 000

＝152 000（元）

（3）本月现金收支差额＝9 000＋104 000－152 000－20 000＝－59 000（元）

（4）由于－59 000元＋借款金额≥8 000元，且借款金额为2000元的倍数，所以企业应向银行借款68 000元。

（5）现金月末余额 $= -59\ 000 + 68\ 000 = 9\ 000$（元）

6. 第一季度生产量的预算数 $= 2\ 000 + 1\ 800 \times 20\% - 400 = 1\ 960$（件）

第二季度生产量的预算数 $= 1\ 800 + 2\ 400 \times 20\% - 1\ 800 \times 20\% = 1\ 920$（件）

第三季度生产量的预算数 $= 2\ 400 + 2\ 200 \times 20\% - 2\ 400 \times 20\% = 2\ 360$（件）

第四季度生产量的预算数 $= 2\ 200 + 2\ 100 \times 20\% - 2\ 200 \times 20\% = 2\ 180$（件）

二、综合题

1. （1）制造费用预算 $= 23 \times 5\ 400 + 152\ 400 = 276\ 600$（元）

（2）制造费用预算 $= 23 \times 6\ 600 + 152\ 400 + 90\ 000 \times 5\% = 308\ 700$（元）

2. 制造费用弹性预算如表 9－12 所示。

表 9－12　　制造费用弹性预算表　　单位：元

项　目	每小时变动费用	生产能力（定额工时）			
		90%	100%	110%	120%
		54 000	60 000	66 000	72 000
间接材料	0.5	27 000	30 000	33 000	36 000
间接人工	0.3	16 200	18 000	19 800	21 600
电力	0.18	9 720	10 800	11 880	12 960
修理费	0.12	6 480	7 200	7 920	8 640
合计	1	59 400	66 000	72 600	79 200
间接材料		11 000	11 000	11 110	11 110
间接人工		3 000	3 000	3 000	3 000
电力		2 000	2 000	2 000	2 000
修理费		4 000	4 000	4 200	4 200
折旧		9 000	9 000	9 900	9 900
其他		5 000	5 000	5 000	5 000
合计		34 000	34 000	35 210	35 210
费用合计		93 400	100 000	107 810	114 410

3. 该公司 2013 年度的分季销售预算表填列如表 9－13 所示。

表 9－13　　2013 年滨海公司销售预算　　单位：元

摘　要		第一季度	第二季度	第三季度	第四季度	全　年
预计销售数量（件）	甲产品	1 600	1 800	2 000	1 800	7 200
	乙产品	2 000	2 200	2 400	2 200	8 800
预计销售单价	甲产品	80	80	80	80	80
	乙产品	100	100	100	100	100
预计销售收入	甲产品	128 000	144 000	160 000	144 000	576 000
	乙产品	200 000	220 000	240 000	220 000	880 000
	合　计	328 000	364 000	400 000	364 000	1 456 000
增值税销项税额		55 760	61 880	68 000	61 880	247 520
含税销售收入		383 760	425 880	468 000	425 880	1 703 520
预计现金收入计算表	期初应收账款	675 000				675 000
	第一季度销售收入	153 504	230 256			383 760
	第二季度销售收入		170 352	255 528		425 880
	第三季度销售收入			187 200	280 800	468 000
	第四季度销售收入				170 352	170 352
	现金收入合计	828 504	400 608	442 728	451 152	2 122 992

4.（1）经营现金收入：

① 4 月份 10 000 × 10 ×（1 + 17%）× 40% + 11 000 × 10 ×（1 + 17%）× 60% = 124 020（元）

② 5 月份 11 000 × 10 ×（1 + 17%）× 40% + 12 000 × 10 ×（1 + 17%）× 60% = 135 720（元）

③ 6 月份 12 000 × 10 ×（1 + 17%）× 40% + 13 000 × 10 ×（1 + 17%）× 60% = 147 420（元）

（2）直接材料采购支出：

① 4 月份 11 000 × 10 × 80% ×（1 + 17%）× 60% + 12 000 × 10 × 80% ×（1 + 17%）× 40% = 106 704（元）

② 5 月份 12 000 × 10 × 80% ×（1 + 17%）× 60% + 13 000 × 10 × 80% ×（1 + 17%）× 40% = 116 064（元）

③ 6 月份 13 000 × 10 × 80% ×（1 + 17%）× 60% + 12 000 × 10 × 80% ×（1 + 17%）× 40% = 117 936（元）

（3）制造费用支出：

① 4 月份 10 000 − 5 000 = 5 000（元）

② 5 月份 11 000 − 5 000 = 6 000（元）

③ 6 月份 12 000 − 5 000 = 7 000（元）

（4）应交税金及附加的计算：

①应交增值税：

4 月份 11 000 × 10 × 17% − 12 000 × 10 × 80% × 17% = 2 380（元）

5 月份 12 000 × 10 × 17% − 13 000 × 10 × 80% × 17% = 2 720（元）

6 月份 13 000 × 10 × 17% − 12 000 × 10 × 80% × 17% = 5 780（元）

②应交消费税：

4 月份 11 000 × 10 × 8% = 8 800（元）

5 月份 12 000 × 10 × 8% = 9 600（元）

6 月份 13 000 × 10 × 8% = 10 400（元）

③销售税金及附加：

4 月份 8 800 +（2 380 + 8 800）× 10% = 9 918（元）

5 月份 9 600 +（2 720 + 9 600）× 10% = 10 832（元）

6 月份 10 400 +（5 780 + 10 400）× 10% = 12 018（元）

④应交税金及附加：

4 月份 2 380 + 9 918 = 12 298（元）

5 月份 2 720 + 10 832 = 13 552（元）

6 月份 5 780 + 12 018 = 17 798（元）

6 月份支付借款利息的计算：

支付借款利息

= 20 000 × 3 × 12%/12 + 18 000 × 3 × 6%/12 + 6 000 × 2 × 6%/12 + 12 000 × 1 × 6%/12

= 990（元）

表 9－14　　现金预算表　　单位：元

月　份	4	5	6
期初现金余额	15 000	7 518	7 722
经营现金收入	124 020	135 720	147 420
直接材料采购支出	106 704	116 064	117 936
直接工资支出	5 000	5 500	5 500
制造费用支出	5 000	6 000	7 000
其他付现费用	500	400	600
应交税金及附加支出	12 298	13 552	17 798
预交所得税			10 000
购置固定资产	20 000		
现金余缺	－10 482	1 722	－3 692
举借短期借款	18 000	6 000	12 000
归还短期借款			
支付借款利息			990
期末现金余额	7 518	7 722	7 318

三、案例分析题

（一）

1. 陈春的这种认识看到了零基预算管理的积极意义：合理分配资源和提高预算执行力，减少浪费方面具有较大的优势，但是，过分夸大了零基预算的作用。零基预算方法不是什么灵丹妙药，更不是完美无缺的。零基预算流程也需要大量有效的管理、沟通、以及对介入其中的管理者进行培训。管理者也可能在确认恰当的决策单元、为有效分析而收集充足的数据、确定最小努力水平、对不同项目进行排序，以及处理大量决策包等方面面临一些问题。对于许多项目，可能缺乏工作量和业绩标准，或者项目影响没有很好地估计和定义，以致整个分析并不完美。因此，零基预算应该看成是一种长期的管理发展过程，而不是一劳永逸的灵丹妙药。

2. 企业要实现预算管理，首先应根据企业现阶段的发展水平和管理需求选择适当的预算管理模式。企业通过全面评估外部环境与自身实力编制全面预算，以此规划来年经营活动，可以减少决策的盲目性，提高管理水平。

实现预算管理主要的任务包括：统筹协调各部门的目标和活动；预计年度经营计划的财务效果和对现金流量的影响；确定各责任中心的经营责任；为控制各部门的费用支出和评价各部门的绩效提供依据。

财务预算可以分部门、核算单位自上而下、自下而上编制，由高层确定业务方向、经营战略、增长目标，基层根据实际情况进行编制，同时上下反复沟通，确保预算的可操作性。企业可以设立多级预算控制体系，将各责任中心的一切收支都纳入预算，并将关键财务指标（如收入、成本、费用、利润、现金流量）细分到各个分公司、各个部门，从而更详细地明确责任。

在每期经营活动实际完成后，企业还要将实际业绩与当初预算进行对比分析，如经营是否按照当初的预测在进行、是否有偏差、偏差有多大、原因在哪里等，以便及时发现问题，纠正偏差，保证预算的顺利实施。

新苏纶结合企业的发展水平和管理要求，把成本费用控制作为一项重点工作来抓，对各部门的差旅费、业务招待费等项目设置预算并进行实时控制，起到了非常好的效果。

（二）

1. 麦灿公司2013年的销售预算、经营现金收入预算、生产预算、直接材料采购预算、现金预算与制造费用预算分别如表9－15至表9－21所示。

表9－15　　2013年麦灿公司销售预算

季度		1	2	3	4	全年	资料来源
销售单价（元/件）	甲产品	65	65	65	70	66.25	
	乙产品	80	80	80	75	78.29	
预计销售量（件）	甲产品	800	1 000	1 200	1 000	4 000	
	乙产品	500	800	1 000	1 200	3 500	
预计销售收入（元）	甲产品	52 000	65 000	78 000	70 000	265 000	
	乙产品	40 000	64 000	80 000	90 000	274 000	
	合计	92 000	129 000	158 000	160 000	539 000	
增值税销项税额（元）		15 640	21 930	26 860	27 200	91 630	
含税销售收入（元）		107 640	150 930	184 860	187 200	630 630	

表9－16　　2013年麦灿公司经营现金收入预算　　单位：元

季度	1	2	3	4	全年	资料来源
含税销售收入	107 640	150 930	184 860	187 200	630 630	
期初应收账款	31 000				31 000	
第1季度经营现金收入	64 584	43 056			107 640	
第2季度经营现金收入		90 558	60 372		150 930	年末应收账款余额74 880
第3季度经营现金收入			110 916	73 944	184 860	
第4季度经营现金收入				112 320	112 320	
经营现金收入合计	95 584	133 614	171 288	186 264	586 750	

根据表9－17中的数据，还可以很方便地计算出麦灿公司年末应收账款的余额：

年末应收账款余额＝187 200×40%＝74 880（元）（编制资产负债表使用）

表9－17　　2013年麦灿公司生产预算　　单位：件

品种	季度	1	2	3	4	全年	资料来源
甲产品	预计销售量（销售预算）	800	1 000	1 200	1 000	4 000	
	加：预计期末产成品存货量	100	120	100	120	120	
	减：期初产成品存货量	80	100	120	100	80	
	预计生产量	820	1 020	1 180	1 020	4 040	

续表

品　种	季　度	1	2	3	4	全　年	资料来源
乙产品	预计销售量（销售预算）	500	800	1 000	1 200	3 500	
	加：预计期末产成品存货量	80	100	120	130	130	
	减：期初产成品存货量	50	80	100	120	50	
	预计生产量	530	820	1 020	1 210	3 580	

表 9－18　　**2013 年麦灿公司的直接材料需用量预算**

产品品种	项　目	季　度	1	2	3	4	全　年	资料来源
甲产品	材料单耗（千克/件）	A 材料	3	3	3	4	3.25	
		B 材料	2	2	2	2	2	
	预计生产量（件）		820	1 020	1 180	1 020	4 040	
	预计生产需用量（千克）	A 材料	2 460	3 060	3 540	4 080	13 140	
		B 材料	1 640	2 040	2 360	2 040	8 080	
乙产品	材料单耗（千克/件）	A 材料	5	5	5	4.5	4.83	
		C 材料	2	2	2	2	2.00	
	预计生产量（件）		530	820	1 020	1 210	3 580	
	预计生产需用量（千克）	A 材料	2 650	4 100	5 100	5 445	17 295	
		C 材料	1 060	1 640	2 040	2 420	7 160	

表 9－19　　**2013 年麦灿公司直接材料采购预算**　　金额单位：元

材料品种	季　度	1	2	3	4	全　年	资料来源
A 材料	材料采购单价（不含税）	4	4	4	4	4	
	甲产品需用量（千克）	2 460	3 060	3 540	4 080	13 140	
	乙产品需用量（千克）	2 650	4 100	5 100	5 445	17 295	
	材料总需用量（千克）	5 110	7 160	8 640	9 525	30 435	
	加：期末材料存量（件）	1 432	1 728	1 905	1 800	1 800	
	减：期初材料存量（千克）	1 500	1 432	1 728	1 905	1 500	
	本期采购量（千克）	5 042	7 456	8 817	9 420	30 735	
	材料采购成本（不含税）	20 168	29 824	35 268	37 680	122 940	材料采购单价×本期采购量
B 材料	材料采购单价（不含税）	5	5	5	5	5	
	甲产品需用量（千克）	1 640	2 040	2 360	2 040	8 080	
	乙产品需用量（千克）	0	0	0	0	0	
	材料总需用量（千克）	1 640	2 040	2 360	2 040	8 080	
	加：期末材料存量（千克）	612	708	612	720	720	
	减：期初材料存量（千克）	480	612	708	612	480	
	本期采购量（千克）	1 772	2 136	2 264	2 148	8 320	
	材料采购成本（不含税）	8 860	10 680	11 320	10 740	41 600	材料采购单价×本期采购量

续表

材料品种	季度	1	2	3	4	全年	资料来源
C材料	材料采购单价（不含税）	6	6	6	6	6	
	甲产品需用量（千克）	0	0	0	0	0	
	乙产品需用量（千克）	1 060	1 640	2 040	2 420	7 160	
	材料总需用量（千克）	1 060	1 640	2 040	2 420	7 160	
	加：期末材料存量（千克）	492	612	726	500	500	
	减：期初材料存量（千克）	300	492	612	726	300	
	本期采购量（千克）	1 252	1 760	2 154	2 194	7 360	
	材料采购成本（不含税）	7 512	10 560	12 924	13 164	44 160	材料采购单价×本期采购量
D材料	材料采购单价（不含税）				10	10	
	本期采购量（千克）				1 000	1 000	
	材料采购成本（不含税）	0	0	0	10 000	10 000	材料采购单价×本期采购量
预计材料采购成本（不含税）合计		36 540	51 064	59 512	71 584	218 700	
增值税进项税额		6 212	8 681	10 117	12 169	37 179	
预计采购金额合计		42 752	59 745	69 629	83 753	255 879	

表 9－20　　2013 年麦灿公司现金支出预算　　单位：元

季度	1	2	3	4	全年	资料来源
预计采购金额合计	42 752	59 745	69 629	83 753	255 879	
期初应付账款	14 400				14 400	
第 1 季度采购现金支出	25 651	17 101			42 752	
第 2 季度采购现金支出		35 847	23 898		59 745	
第 3 季度采购现金支出			41 777	27 852	69 629	
第 4 季度采购现金支出				50 252	50 252	
现金支出合计	40 051	52 948	65 675	78 104	236 778	

根据表 9－20 中的数据，还可以很方便地计算出麦灿公司年末应付账款的余额：

年末应付账款余额＝83 753－50 252＝33 501（元）

表 9－21　　2013 年度麦灿公司制造费用预算　　金额单位：元

季度		1	2	3	4	全年
变动性制造费用分配率		1.20	1.20	1.20	1.20	1.20
直接人工工时（小时）	甲产品	2 460	3 060	3 540	2 856	11 916
	乙产品	2 650	4 100	5 100	5 566	17 416
	小计	5 110	7 160	8 640	8 422	29 332

续表

季　度		1	2	3	4	全　年
变动性制造费用	甲产品	2 952	3 672	4 248	3 427	14 299
	乙产品	3 180	4 920	6 120	6 679	20 899
	小　计	6 132	8 592	10 368	10 106	35 198
固定性制造费用		5 700	5 700	5 700	5 700	22 800
现金支出合计		11 832	14 292	16 068	15 806	57 998

2. 编制财务预算是企业财务管理的一项重要工作。其作用主要表现在以下几个方面：

（1）明确目标。财务预算是财务目标的具体化、数量化。编制财务预算有助于将财务目标和制定目标所依据的主要设想和意图，以及达到所拟采取的措施都详细列举出来，从而有助于企业内部各部门、各层次了解各自在实现财务目标中的地位、作用、责任，在不同工作环节上朝同一目标方向努力。

（2）合理配置财务资源。财务预算的制定过程，也就是财务资源的配置过程。编制财务预算，有助于在合理决策的基础上，围绕财务目标的实现，将有限的财务资源，在各部门、各层次、各环节进行合理的配置，分清轻重缓急，使有限的资金发挥最大的使用效应，提高企业经济效益，确保财务目标的实现。

（3）控制财务活动。财务预算一经制定，就必须付诸实施。筹资、投资及资金分配，都要依据财务预算来执行，各部门各层次都要以预算为根据来开展工作，以保证目标的实现。从某种意义上说，财务预算是控制财务活动的主要依据。

（4）有利于控制与考核。企业制订的预算是控制经济活动的依据和衡量其合理性的标准，预算确定并进入实施阶段以后，应设法控制经济活动使其按预算进行，当实际状态和预算有了较大差异时，应查明原因并采取措施调整改善经营活动。实际偏离预算的差异不仅是控制的依据，也是评定各预算执行单位的工作业绩的重要标准，将实际数与预算数对比进行考核，比本期实际数与以往实际数的对比考核更具有现实意义，因为超过上年或历史先进水平，只能说明有所进步，而不能说明这种进步已经达到了应有的程度。

学习情境十
财务分析与评价

知识与技能回顾

一、内容结构

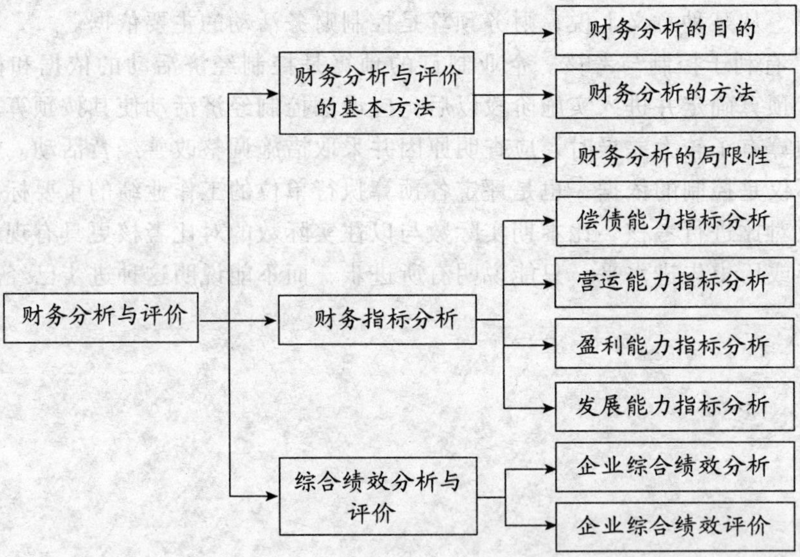

图 10－1 学习情境内容结构图

二、内容提要

1. 财务分析是指以企业财务报表反映的财务信息为基础对企业的财务状况进行分析与评价，是财务管理的重要环节之一。不同的企业利益相关者进行财务分析的目的各不相同（见表 10－1）。

财务分析的基本方法有：比例分析法、比率分析法、趋势分析法、因素分析法。在进行财务分析的过程中可以同时采用几种分析方法。

表 10－1　　利益相关者分析报表的侧重点

分析主体	分析重点内容
所有者	关心其资本的保值和增值状况，因此较为重视企业获利能力指标，主要进行企业盈利能力分析。
债权人	首先关注的是其投资的安全性，因此主要进行企业偿债能力分析，同时也关注企业盈利能力分析。
经营决策者	关注企业经营理财的各方面，包括偿债能力、运营能力、获利能力、发展能力，主要进行各方面综合分析，并关注企业财务风险和经营风险。
政府	兼具多重身份，既是宏观经济管理者，又是国有企业的所有者和重要的市场参与者，因此政府对企业财务分析的关注点因所具身份不同而异。

2. 财务分析的内容主要包括：偿债能力分析、营运能力分析、盈利能力分析、发展能力、财务状况的趋势分析和综合分析。

（1）偿债能力是企业对各种到期债务的偿债能力，包括短期偿债能力和长期偿债能力；评价短期偿债能力的指标共介绍了四个：流动比率、速动比率、现金比率和现金流量比率；评价长期偿债能力的指标共介绍了四个：资产负债率、产权比率和权益乘数、已获利息倍数和现金流量利息保障倍数。

（2）营运能力是企业对营运资金的管理控制能力，营运能力的强弱对企业获利能力的持续增长与偿债能力的提高具有决定性的影响。企业发展能力指标有：流动资产周转率、应收账款周转率、存货周转率、固定资产周转率、总资产周转率。

（3）获利能力是企业存在的价值与追求的目标，也是利益相关者对企业利益要求实现的基础。评价企业获利能力的指标有：净资产收益率、营业净利率、资产收益率、净利润现金含量、每股收益、每股净资产、市盈率、市净率。

（4）发展能力对企业未来发展前景具有重要的影响。评价指标有：营业收入增长率、资本保值增值率、资本积累率、总资产增长率、营业利润增长率、技术投入比率、营业收入 3 年平均增长率、资本 3 年平均增长率。

3. 杜邦分析法是最重要的综合财务分析方法，又称杜邦财务分析体系，简称杜邦体系，是利用各主要财务比率指标间的内在联系，对企业财务状况及经济效益进行综合系统分析评价的方法。该体系是以净资产收益率为起点，以总资产净利率和权益乘数为核心，重点揭示企业获利能力及权益乘数对净资产收益率的影响，以及各相关指标间的相互影响作用关系。沃尔评分法是指把若干个财务比率用线性关系结合起来，以此来评价企业的信用水平。综合绩效评价，是指运用数理统计和运筹学的方法，通过建立综合评价指标体系，对照相应的评价标准，定量分析与定性分析相结合，对企业一定经营期间的盈利能力、资产质量、债务风险以及经营增长等经营业绩和努力程度等各方面进行的综合评判。

三、主要公式

1. 偿债能力指标。

（1）短期偿债能力指标

$$流动比率=\frac{流动资产}{流动负债}\times 100\%$$

$$速动比率=\frac{速动资产}{流动负债}=\frac{流动资产-存货-预付账款-待摊费用-其他流动资产}{流动负债}$$

$$现金比率=\frac{现金类资产}{流动负债}=\frac{货币资金+交易性金融资产}{流动负债}$$

$$现金流量比率=\frac{经营现金净流量}{流动负债}$$

（2）长期偿债能力指标

$$资产负债率=\frac{期末负债}{期末资产}\times 100\%$$

$$权益乘数=\frac{总资产}{所有者权益总额}=1+产权比率=\frac{1}{1-资产负债率}$$

$$已获利息倍数=\frac{息税前利润}{利息费用}$$

$$现金流量利息保障倍数=\frac{经营现金净流量}{利息费用}$$

2. 营运能力指标。

$$流动资产周转率=\frac{营业收入}{（年初流动资产+年末流动资产）/2}$$

$$应收账款周转率=\frac{营业收入}{（年初应收账款+年末应收账款）/2}$$

$$存货周转率=\frac{营业成本}{（年初存货+年末存货）/2}$$

$$固定资产周转率=\frac{营业收入}{（年初固定资产+年末固定资产）/2}$$

$$总资产周转率=\frac{营业收入}{平均资产总额}$$

3. 盈利能力指标。

$$净资产收益率=\frac{净利润}{平均净资产}\times 100\%$$

$$营业净利率=\frac{净利润}{营业收入}\times 100\%$$

$$资产收益率=\frac{净利润}{平均总资产}=\frac{净利润}{营业收入}\times\frac{营业收入}{平均总资产}$$

$$=营业净利率\times 总资产周转次数$$

$$净利润现金含量比率=\frac{经营活动现金净流量}{净利润}$$

$$每股收益=\frac{归属于公司普通股股东的净利润}{发行在外的普通股股数加权平均数}$$

$$每股净资产=\frac{净资产}{普通股股数}$$

$$\text{市盈率} = \frac{\text{每股市价}}{\text{每股收益}}$$

$$\text{市净率} = \frac{\text{普通股每股市价}}{\text{每股净资产}}$$

4. 发展能力指标。

$$\text{营业收入增长率} = \frac{\text{本年营业收入增长额}}{\text{去年营业收入}} \times 100\%$$

$$\text{资本保值增值率} = \frac{\text{扣除客观因素后的年末所有者权益总额}}{\text{年初所有者权益总额}} \times 100\%$$

$$\text{资本积累率} = \frac{\text{本年所有者权益增长额}}{\text{年初所有者权益}} \times 100\%$$

$$\text{总资产增长率} = \frac{\text{本年总资产增长额}}{\text{年初资产总额}} \times 100\%$$

$$\text{营业利润增长率} = \frac{\text{本年营业利润增长额}}{\text{上年营业利润总额}} \times 100\%$$

$$\text{技术投入比率} = \frac{\text{本年科技支出合计}}{\text{本年营业收入}} \times 100\%$$

$$\text{营业收入 3 年平均增长率} = \left(\sqrt[3]{\frac{\text{本年营业收入总额}}{\text{3 年前营业收入总额}}} - 1\right) \times 100\%$$

$$\text{资本 3 年平均增长率} = \left(\sqrt[3]{\frac{\text{本年末所有者权益总额}}{\text{3 年前年末所有者权益}}} - 1\right) \times 100\%$$

5. 杜邦财务分析法。

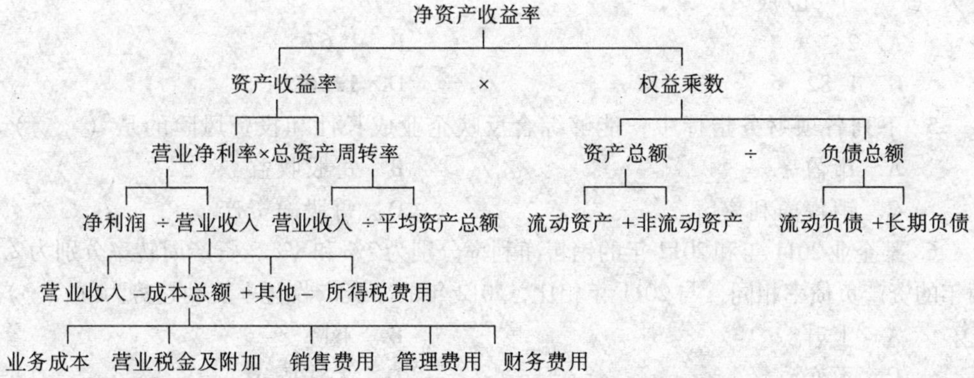

四、主要工作任务

序　号	典型工作任务
1	计算与分析评价企业偿债能力
2	计算与分析评价企业盈利能力
3	计算与分析评价企业营运能力
4	计算与分析评价企业发展能力
5	分析评价企业综合绩效状况

职业判断训练

一、单选题

1. 在下列财务分析主体中，必须对企业营运能力、偿债能力、盈利能力及发展能力的全部信息予以详尽了解和掌握的是（　　）。

A. 交易性金融资产者　　B. 企业债权人

C. 企业经营者　　D. 税务机关

2. 某上市公司2012年归属于普通股股东的净利润为25 000万元。2011年末的股本为10 000万股，2012年3月1日新发行6 000万股，2012年12月1日，回购1 000万股，则该上市公司2012年基本每股收益为（　　）元。

A. 1.65　　B. 1.66

C. 1.67　　D. 1.68

3. 计算下列各项指标时，其分母需要采用平均数的是（　　）。

A. 基本每股收益　　B. 每股净资产

C. 每股股利　　D. 市净率

4. 乙公司2012年7月1日发行利息率为4%，每张面值100元的可转换债券10万张，规定每张债券可转换为1元面值普通股80股。2012年净利润8 000万元，2012年发行在外普通股4 000万股，公司适用的所得税税率为25%，则2012年的稀释每股收益为（　　）元/股。

A. 2　　B. 1.67

C. 1.82　　D. 1.56

5. 下列各项财务指标中，能够综合反映企业成长性和投资风险的是（　　）。

A. 市盈率　　B. 每股收益

C. 销售净利率　　D. 每股净资产

6. 某企业2011年和2012年的销售净利率分别为7%和8%，资产周转率分别为2和1.5，两年的资产负债率相同，与2011年相比，2012年的净资产收益率变动趋势为（　　）。

A. 上升　　B. 下降

C. 不变　　D. 无法确定

7. 在杜邦财务分析体系中，综合性最强的财务比率是（　　）。

A. 净资产收益率　　B. 总资产净利率

C. 总资产周转率　　D. 销售净利率

8. 在下列关于资产负债率、权益乘数和产权比率之间关系的表达式中，正确的是（　　）。

A. 资产负债率 + 权益乘数 = 产权比率

B. 资产负债率 − 权益乘数 = 产权比率

C. 资产负债率 × 权益乘数 = 产权比率

D. 资产负债率 ÷ 权益乘数 = 产权比率

9. 一般认为在综合评价体系中，企业财务评价的内容首先是（　　）。

A．偿债能力　　B．营运能力
C．盈利能力　　D．成长能力

10．在下列财务绩效评价指标中，属于企业获利能力基本指标的是（　　）。
A．营业利润增长率　　B．总资产报酬率
C．总资产周转率　　D．资本保值增值率

二、多选题

1．一般情况下，下列有关市盈率表述正确的有（　　）。
A．上市公司盈利能力的成长性越高，市盈率越高
B．上市公司经营良好且稳定性越好，市盈率越高
C．通常市场利率越高，企业的市盈率会越大
D．市盈率越低，说明投资于该股票的风险越低

2．下列各项中，与净资产收益率密切相关的有（　　）。
A．销售净利率　　B．总资产周转率
C．总资产增长率　　D．权益乘数

3．属于财务分析的局限性表现在（　　）。
A．资料来源的局限性　　B．分析方法的局限性
C．分析对象的局限性　　D．分析指标的局限性

4．下列说法不正确的有（　　）。
A．减少利息支出可以降低息税前利润　　B．每股利润和每股收益是同义词
C．市盈率＝每股收益/每股市价　　D．可转换债券属于稀释性潜在普通股

5．下列说法不正确的是（　　）。
A．一般认为，净资产收益率越高，表明投资收益的能力越强
B．基本每股收益＝归属于公司普通股股东的净利润/发行在外的普通股股数
C．每股股利＝股利总额/流通股的加权平均数
D．上市公司的市盈率一直是广大股票投资者进行中长期投资的重要决策指标

6．上市公司特殊财务分析指标包括（　　）。
A．每股收益　　B．每股股利
C．市盈率　　D．每股净资产

7．下列各项中，可能直接影响企业净资产收益率指标的措施有（　　）。
A．提高营业净利率　　B．提高资产负债率
C．提高总资产周转率　　D．提高流动比率

8．在沃尔评分法中，一般认为企业财务评价的内容包括（　　）。
A．盈利能力　　B．偿债能力
C．成长能力　　D．发展能力

9．下列关于财务分析的说法正确的有（　　）。
A．以企业财务报告为主要依据
B．对企业的财务状况和经营成果进行评价和剖析
C．反映企业在运营过程中的利弊得失和发展趋势

D. 为改进企业财务管理工作和优化经济决策提供重要的财务信息

10. 关于因素分析法，下列说法不正确的有（　　）。

A. 使用因素分析法分析某一因素对分析指标的影响时，假定其他因素都不变

B. 在使用因素分析法时替代顺序无关紧要

C. 差额分析法是连环替代法的一种简化形式

D. 因素分析法的计算结果都是准确的

三、判断题

1. 在财务分析中，将通过对比两期或连续数期财务报告中的相同指标，以说明企业财务状况或经营成果变动趋势的方法称为比较分析法。（　　）

2. 每股股利与企业获利能力是同方向变动的。（　　）

3. 上市公司盈利能力的成长性和稳定性是影响其市盈率的重要因素。（　　）

4. 权益乘数的高低取决于企业的资金结构：资产负债率越高，权益乘数越高，财务风险越大。（　　）

5. 财务报表是按照会计准则编制的，所以能准确地反映企业的客观实际。（　　）

6. 上市公司的市盈率一直是广大股票投资者进行中长期投资的重要决策指标。（　　）

7. 认股权证、股份期权等的行权价格高于当期普通股平均市场价格时，应当考虑其稀释性。（　　）

8. 因素分析法是依据分析指标与其影响因素的关系，从数量上确定各因素对分析指标影响方向和影响程度的一种方法。（　　）

9. 财务分析中的效率指标，是某项财务活动中所费与所得之间的比率，反映投入与产出的关系。（　　）

10. 财务评价可以分为董事会对经理层的考核，经理层对公司内部有关部门和个人的评价等。（　　）

职业技能训练

一、计算分析题

1. 某公司2012年度有关财务资料如表10－2所示：

(1)

表10－2　　简略资产负债表　　单位：万元

资　产	年初数	年末数	负债及所有者权益	年初数	年末数
现金及有价证券	51	65	负债总额	74	134
应收账款	23	28	所有者权益总额	168	173
存货	16	19			

续表

资　产	年初数	年末数	负债及所有者权益	年初数	年末数
其他流动资产	21	14			
长期资产	131	181			
总资产	242	307	负债及所有者权益	242	307

（2）其他资料如下：2012 年实现营业收入净额 400 万元，营业成本 260 万元，管理费用 54 万元，销售费用 6 万元，财务费用 18 万元，投资收益 8 万元，所得税率 25%。

（3）2011 年有关财务指标如下：营业净利率 11%，总资产周转率 1.5，平均的权益乘数 1.4。

要求：（1）运用杜邦财务分析体系，计算 2012 年该公司的净资产收益率、总资产周转率、平均权益乘数和销售净利率。

（2）采用差额分析法分析 2012 年净资产收益率指标变动的具体原因。

（3）假定该公司 2013 年的投资计算需要资金 50 万元，公司目标资金结构按 2012 年的平均权益乘数水平确定，请按剩余股利政策确定该公司 2012 年向投资者分红的金额。

2. A 公司 2012 年的财务数据如表 10－3：

表 10－3　　A 公司财务数据

项　目	数　量
收入	2 000 万元
净利	180 万元
股利	54 万元
普通股股数	100 万股
年末资产总额	2 000 万元
年末权益乘数	5

假设该公司股票属于股利固定增长型股票，股利增长率为 5%，负债平均利率为 10%，所得税税率为 25%。假设当年普通股股数没有发生变动。

要求：（1）计算 2012 年的每股收益和每股净资产。

（2）计算 2012 年的总资产周转率、净资产收益率和营业净利率（涉及资产负债表数据均用年末数计算）。

（3）假设 2012 年 12 月 31 日的股票价格为 20 元，计算该股票的资本成本率。

（4）结合（3）计算 2012 年 12 月 31 日该公司股票的市盈率和市净率。

3. ABC 公司近 3 年的主要财务数据和财务比率如表 10－4 所示：

表 10－4　　ABC 公司主要财务数据与财务比率　　单位：万元

项目＼年份	2010 年	2011 年	2012 年
销售收入	4 000	4 300	3 800
净利润	300	202.1	98.8
年末资产	1 430	1 560	1 695
年末股东权益	600	650	650

要求：（1）计算2011年和2012年的净资产收益率、销售净利率、总资产周转率和权益乘数。

（2）利用因素分析法分析说明该公司2012年与2011年相比净资产收益率的变化及其原因（按销售净利率、总资产周转率、权益乘数顺序、总资产周转率计算，保留4位小数）。

4. 资料一：某上市公司2012年归属于普通股股东的净利润为4 840万元。2011年年末的股本为9 000万股，2012年2月12日，经公司2011年股东大会决议，以截至2011年年末公司总股本为基础，向全体股东每10股送红股5股，工商注册登记变更完成后公司总股本变为13 500万股。2012年6月1日经批准回购本公司股票2 400万股。假设该上市公司2012年年末股东权益总额为22 200万元，每股市价为7.2元。

资料二：该上市公司2012年10月1日按面值发行年利率2%的可转换公司债券，面值10 000万元，期限6年，利息每年末支付一次，发行结束一年后可以转换股票，转换价格为每股8元。债券利息全部费用化，适用的所得税税率为25%。假设不考虑可转换公司债券在负债成分和权益成分之间的分拆，且债券票面利率等于实际利率。

要求：（1）计算该上市公司2012年年末的基本每股收益和每股净资产。

（2）计算该上市公司2012年年末的市盈率和市净率。

（3）假设可转换公司债券全部转股，计算该上市公司2012年增加的净利润和增加的年加权平均普通股股数。

（4）假设可转换公司债券全部转股，计算增量股的每股收益，并分析可转换公司债券是否具有稀释作用。

（5）如果该可转换公司债券具有稀释作用，计算稀释每股收益。

5. 已知：A公司2012年年初负债总额为4 000万元，所有者权益是负债的1.5倍，该年的所有者权益增长率为150%，年末资产负债率为0.25，平均负债的年均利息率为10%，全年固定成本总额为6 925万元（不含利息），净利润为10 050万元，适用的企业所得税税率为25%，2012年年初发行在外的普通股股数为10 000万股，2012年3月1日，经股东大会决议，以截至2011年年末公司总股本为基础，向全体股东发放10%的股票股利，工商注册登记变更完成后的总股数为11 000万股。2012年9月30日新发股票5 000万股。2012年年末的股票市价为5元，2012年的负债总额包括2012年7月1日平价发行的面值为1 000万元，票面利率为1%，每年年末付息的3年期可转换债券，转换价格为5元/股，债券利息不符合资本化条件，直接计入当期损益，假设企业没有其他的稀释潜在普通股。

要求：（1）2012年年初的所有者权益总额。

（2）2012年的基本每股收益和稀释每股收益。

（3）2012年年末的每股净资产、市净率和市盈率。

（4）2012年的平均负债额及息税前利润。

（5）计算该公司经营杠杆系数、财务杠杆系数和总杠杆系数。

（6）若2013年的产销量会增加10%，假设其他条件不变，公司2013年的息税前利润会增长多少。

二、综合题

1. 某公司 2012 年的有关资料如下：

（1）2012 年 12 月 31 日资产负债表简表如表 10－6 所示：

表 10－6 资产负债简表 单位：万元

资 产	年 初	年 末	负债及所有者权益	年 初	年 末
流动资产：			流动负债合计	330	327
货币资金	195	225	非流动负债合计	435	558
应收账款	202.5	195	负债合计	765	885
存货	240	255			
流动资产合计	637.5	675			
长期股权投资	150	150			
固定资产原价	1 650	1 800	股本	750	750
减：累计折旧	600	660	未分配利润	322.5	330
固定资产	1 050	1 140	所有者权益合计	1 072.5	1 080
合计	1 837.5	1 965	合计	1 837.5	1 965

（2）2012 年利润表简表如表 10－7 所示：

表 10－7 利润表简表 单位：万元

项 目	金 额
营业收入	2 000
减：营业成本（变动成本）	1 400
营业税金及附加（变动成本）	200
减：期间费用（固定成本）	200
其中：利息费用	20
营业利润	200
减：所得税（所得税税率 25%）	50
净利润	150

（3）假设该公司股票属于固定成长股票，股利固定增长率为 4%。该公司 2012 年年末每股现金股利为 0.20 元，年末普通股股数为 100 万股。该公司股票的 β 系数为 1.2，市场组合的收益率为 12%，无风险收益率为 2%。

（4）假设 2012 年 12 月 31 日该股票的市场价格为 18 元/股。

要求：（1）计算该公司 2012 年年末的权益乘数。

（2）计算该公司 2012 年总资产周转率。

（3）计算该公司 2012 年净资产收益率和总资产报酬率。

（4）计算该公司 2013 年经营杠杆系数、财务杠杆系数和总杠杆系数。

（5）分别按照股利增长模型法和资本资产定价模型法计算该公司普通股资本成本。

（6）计算 2012 年年末该公司股票的市盈率和每股净资产。

2. 资料：A 公司 2012 年度财务报表主要数据如表 10－8 所示：

表 10－8　　A 公司主要财务数据表

销售单价	10 元
销售量	100 万件
单位变动成本	6 元
固定经营成本	200 万元
股利	60 万元
股东权益（40 万股普通股，市场价格为 10 元/股）	400 万元
负债的平均利率	8%
权益乘数	2
所得税税率	25%

要求：(1) 计算该公司 2012 年年末的资产总额和负债总额。

(2) 计算该公司 2012 年的息税前利润、税后净利润、每股收益和股利支付率。

(3) 假设无风险报酬率为 6%，该公司股票的 β 系数为 2.5，股票市场的平均收益率为 14%，该公司股票为固定成长股票，股利增长率为 22.85%，分别按股利增长模型法和资本资产定价模型法计算普通股资本成本。

(4) 预测该公司 2013 年的经营杠杆系数和财务杠杆系数。

(5) 假设该公司 2013 年销售增长，所需的外部融资额通过发行债券来解决，债券的面值为 90 万元，发行费用为 1.94 万元，每年付息一次，到期还本，票面利率为 10%，5 年期，计算该债券的资本成本。

三、案例分析题

（一）光明玻璃股份有限公司财务状况分析案例

情境与背景：

光明玻璃股份有限公司是一个拥有 30 多年历史的大型玻璃生产基地。该公司颇有战略头脑，十分重视新产品和新工艺的开发，重视对老设备进行技术改造，引进国外先进技术，拥有国内一流的浮法玻璃生产线。该公司生产的浮法玻璃、汽车安全玻璃以及高档铅品质玻璃器皿，在国内具有较高的市场占有率。该公司还十分重视战略重组，大力推行前向一体化和后向一体化，使公司形成了一条由原材料供应到产品制造再到产品销售一条龙的稳定的价值生产链。由于该公司战略经营意识超前，管理得法，使公司规模迅速扩展，销量和利润逐年递增，跃居国内排头兵位置。但由于近两年企业扩张太快，经营效率有所下降。

该公司为了把握未来，对公司未来几年面临的市场和风险进行了预测。预测结果表明，在未来的几年里，伴随国民经济的快速发展，安居工程的启动以及汽车工业的迅猛崛起，市场对各种玻璃的需求巨增，这种发展势头对公司带来了千载难逢的发展机会。预测结果还表明，公司未来面临的风险也在逐步加大，国内介入浮法生产线的企业逐渐增多，国外玻璃生产公司意欲打入中国市场，重油和能源的涨价等，这些都会给公司的未来市场、生产经营和经济效益提出严峻的挑战。

公司为了确保在未来市场逐渐扩展的同时，使经济效益稳步上升，维持行业排头兵的位置，拟对公司近两年的财务状况和经济效益情况，运用杜邦财务分析方法进行全面分析，以便找出公司在这方面取得的成绩和存在的问题，并针对问题提出改进措施，扬长避短，以利再战，实现公司的自我完善。

公司近 3 年的资产负债表和利润表资料如表 10－9、10－10 所示：

表 10－9　　资产负债简表　　单位：千元

资产				负债及所有者权益			
项目	金额			项目	金额		
	前年	上年	本年		前年	上年	本年
流动资产合计	398 400	1 529 200	1 745 300	流动负债合计	395 000	493 900	560 000
长期投资	14 200	68 600	20 900	长期负债合计	31 400	86 200	128 300
固定资产净值	313 200	332 300	473 400	负债总计	426 400	580 100	688 300
在建工程	21 510	31 600	129 500				
递延资产			6 900				
无形资产及其他资产		147 500	155 500	所有者权益合计	320 910	1 629 100	1 843 200
资产总计	747 310	2 209 200	2 531 500	权益合计	747 310	2 209 200	2 531 500

表 10－10　　利润表简表　　单位：千元

项目	金额		
	前年	上年	本年
一、营业收入	881 000	948 800	989 700
减：营业成本	316 400	391 000	420 500
营业税金及附加	95 300	99 600	89 000
减：销售费用	9 900	52 700	43 500
管理费用	164 900	107 000	97 200
财务费用	13 400	3 600	18 500
二、营业利润	281 100	294 900	321 000
营业外收入			
减：营业外支出			
三、利润总额	281 100	294 900	321 000
减：所得税	84 330	88 470	96 300
四、净利润	196 770	206 430	224 700

问题： 1. 计算该公司上年和本年的权益净利润，并确定本年较上年的总差异。

2. 对权益净利率的总差异进行总资产净利率和权益乘数的两因素分析，并确定各因素变动对总差异影响的份额。

3. 对总资产净利率的总差异进行销售净利率和总资产周转率的两因素分析，确定各因素变动对总资产净利率的总差异影响的份额。

4. 对两年销售净利率的变动总差异进行构成比率因素分析，找出各构成比率变动对总差异的影响份额。

5. 运用上述分析的结果，归纳影响该公司权益净利率变动的有利因素和不利因素，找出产生不利因素的主要问题和原因，并针对问题提出相应的改进建议，使这些改进建议付诸实施，能促使该公司的生产经营管理更加完善，竞争力更加提高。

（二）托普软件公司财务分析案例

情境与背景：

四川托普软件投资股份有限公司（简称托普软件，证券代码：000583）是在深圳证券交易所挂牌的高科技上市公司。公司注册资本为23 165万元，经营范围为计算机软件、计算机硬件、网络产品、通讯产品、应用电子技术产品、计算机信息网络国际联网业务、金属加工机械的开发研制、销售，工程安装服务和进出口业务；物资供销；汽车运输、修理，科技开发转让、咨询服务等。

托普软件董事长宋如华1983年毕业于成都电子科技大学应用物理系，1989年获理学硕士学位，之后留校任教7年。1992年7月，宋如华率领两名青年教师以5 000元资金创办托普公司。

2001年托普跃上巅峰：拥有3家上市公司和140多家控股子公司，集团共有软件集成增值服务、托普品牌电器生产、柯尔物流、教育培训、金融保险、生态园林六大产业群，2001年实现产值55亿元，创利税6亿元，企业总资产近100亿元。而宋如华本人的知名度更是如日中天，名利双收。2000年，福布斯中国内地前50名富豪中列45位；2002年，福布斯中国内地富豪排行榜77位，个人资产超过7亿元。

现状：托普软件公布的2003年年报惨不忍睹，大幅亏损38 890万元，每股收益由2002年0.22元狂降为亏损1.68元。托普软件2004年半年报显示，公司上半年亏损6.34亿元，每股收益为 −2.74 元。2002年资产负债表和利润表见表10−11和表10−12。

表10−11　公司资产负债表

2002年12月31日　　单位：万元

项　目	年　初	年　末	项　目	年　初	年　末
货币资金	110 749	82 137	短期借款	26 277	32 450
应收账款	17 766	19 126	应付账款	19 615	17 275
存货	19 344	13 503	一年内债务	1 335	3 000
流动资产	176 879	149 958	流动负债合计	76 624	64 063
长期投资	20 417	18 597	长期借款	10 648	11 561
固定资产	13 661	22 317	长期负债合计	21 739	22 652
在建工程	20 233	29 157	负债合计	98 363	86 715
无形资产	11 245	14 544	股东权益	132 346	138 798
资产总计	241 905	234 572	负债权益合计	241 905	234 572

表 10－12　　　　　　　　　公司 2002 年利润表　　　　　　　　　单位：万元

项　　目	上　　年	本　　年
主营收入	71 100	67 746
主营成本	59 332	58 173
主营利润	11 412	9 253
营业费用	2 728	2 848
管理费用	4 419	1 906
财务费用	－1 080	－89
其中：利息支出	1 478	2 580
营业利润	5 375	4 983
投资收益	2 011	559
补贴收入	3 041	607
营业外收支净额	471	－91
利润总额	10 898	6 059
净利润	8 852	5 098

问题：根据报表资料，请分析该公司在经营及财务上可能存在的问题及公司 2003 年发展趋向。

参考答案与提示

职业判断训练

一、单选题

1. C　2. D　3. A　4. C　5. A　6. B　7. A　8. C
9. C　10. C

二、多选题

1. ABD　2. ABD　3. ABD　4. AC　5. BC　6. ABCD
7. ABC　8. ABC　9. BCD　10. BD

三、判断题

1. √　2. ×　3. √　4. √　5. ×　6. √　7. ×　8. √
9. √　10. √

职业技能训练

一、计算题

1. （1）2012 年净利润 =（400 − 260 − 54 − 6 − 18 + 8）×（1 − 25%）= 52.5（万元）；

营业净利率 = 52.5/400 = 13.13%；

总资产周转率 = 400/[(307 + 242)/2] = 1.46；

平均资产负债率 = [(74 + 134)/2] ÷ [(242 + 307)/2] = 37.89%；

权益乘数 = 1/(1 − 37.89%) = 1.61；

2012 年净资产收益率 = 13.13% × 1.46 × 1.61 = 30.86%。

(2) 营业净利率变动对净资产收益率的影响 = (13.13% − 11%) × 1.5 × 1.4 = 4.473%；

总资产周转率变动对净资产收益率的影响 = 13.13% × (1.46 − 1.5) × 1.4 = −0.735%；

权益乘数变动对净资产收益率的影响 = 13.13% × 1.46 × (1.61 − 1.4) = 4.026%。

(3) 2012 年净利润 = 52.5（万元）

2013 年投资所需要的权益资金 = 50 × 1/1.61 = 31.06（万元）

2012 年支付的股利 = 52.5 − 31.06 = 21.44（万元）

2. (1) 2012 年年末权益乘数为 5，因为：$权益乘数 = \frac{1}{1 - 资产负债率}$

所以：资产负债率为 80%。

2012 年末资产总额为 2 000 万元，则负债总额为 1 600 万元，股东权益为 400 万元。

2012 年每股收益 = 180 ÷ 100 = 1.8（元）。

2012 年每股净资产 = 400 ÷ 100 = 4（元）。

(2) 总资产周转率 = 2 000/2 000 = 1（次）

净资产收益率 = 180 ÷ 400 × 100% = 45%

营业净利率 = 180/2 000 × 100% = 9%。

(3) 2012 年年末的每股股利 = 54 ÷ 100 = 0.54（元）

即 $D_0 = 0.54$（元），$R_s = D_0(1 + g)/P + g = 0.54 \times (1 + 5\%)/20 + 5\% = 7.84\%$。

(4) 市盈率 = 20 ÷ 1.8 = 11.11；市净率 = 20 ÷ 4 = 5。

3. (1) 2011 年的相关指标计算：

净资产收益率 = 202.1/[(600 + 650) ÷ 2] = 32.34%

销售净利率 = 202.1/4 300 = 4.7%

总资产周转率 = 4 300/[(1 560 + 1 430) ÷ 2] = 2.8763（次）

权益乘数 = [(1 560 + 1 430) ÷ 2] /[(600 + 650) ÷ 2] = 2.39

2012 年的相关指标计算：

净资产收益率 = 98.8/[(650 + 650) ÷ 2] = 15.2%

销售净利率 = 98.8/3 800 = 2.6%

总资产周转率 = 3 800/[(1 560 + 1 695) ÷ 2] = 2.3349（次）

权益乘数 = [(1 560 + 1 695) ÷ 2] /[(650 + 650) ÷ 2] = 2.50

(2) 分析说明该公司 2012 年与 2011 年相比净资产收益率的变化及其原因：

2012 年与 2011 年相比净资产收益率变动 = 15.2% − 32.34% = −17.14%

因为：净资产收益率 = 销售利润率 × 总资产周转率 × 权益乘数

销售利润率变动的影响：(2.6% − 4.7%) × 2.8763 × 2.39 = −14.44%

总资产周转率变动的影响：2.6% × (2.3349 − 2.8763) × 2.39 = −3.37%

权益乘数变动的影响：2.6% × 2.3349 × (2.50 − 2.39) = 0.67%。

4.（1）基本每股收益 $=\dfrac{4\ 840}{9\ 000+4\ 500-2\ 400\times 7/12}=0.40$（元/股）

每股净资产 $=\dfrac{22\ 200}{9\ 000+4\ 500-2\ 400}=2$（元/股）。

（2）市盈率 $=\dfrac{7.2}{0.40}=18$（倍）

市净率 $=\dfrac{7.2}{2}=3.6$（倍）。

（3）假设可转换公司债券全部转股，所增加的净利润 $=10\ 000\times 2\%\times 3/12\times(1-25\%)=37.5$（万元）

假设可转换公司债券全部转股，所增加的年加权平均普通股股数 $=\dfrac{10\ 000}{8}\times\dfrac{3}{12}=312.5$（万股）。

（4）增量股的每股收益 $=\dfrac{37.5}{312.5}=0.12$（元/股），由于增量股的每股收益小于原基本每股收益，所以可转换公司债券具有稀释作用。

（5）稀释每股收益 $=\dfrac{4\ 840+37.5}{9\ 000+4\ 500-2\ 400\times 7/12+312.5}=0.39$（元/股）。

5.（1）2012 年年初的所有者权益总额 $=4\ 000\times 1.5=6\ 000$（万元）

（2）2012 年的基本每股收益 $=10\ 050/(11\ 000+5\ 000\times 3/12)=0.82$（元/股）

2012 年的稀释每股收益

$=[10\ 050+1\ 000\times 1\%\times 6/12\times(1-25\%)]/[(11\ 000+5\ 000\times 3/12)+(1\ 000/5)\times 6/12]=0.81$（元/股）

（3）2012 年年末的所有者权益总额 $=6\ 000\times(1+150\%)=15\ 000$（万元）

2012 年年末的每股净资产 $=15\ 000/16\ 000=0.94$（元/股）

2012 年年末的市净率 $=5/0.94=5.32$

2012 年年末的市盈率 $=5/0.82=6.10$

（4）因为：负债/(15 000 + 负债) = 0.25

所以：2012 年年末的负债总额 $=\dfrac{0.25\times 15\ 000}{1-0.25}=5\ 000$（万元）

2012 年负债平均余额 $=\dfrac{4\ 000+5\ 000}{2}=4\ 500$（万元）

2012 年的利息 $=4\ 500\times 10\%=450$（万元）

2012 年息税前利润 $=\dfrac{10\ 050}{1-25\%}+450=13\ 850$（万元）

（5）经营杠杆系数 $=\dfrac{13\ 850+6\ 925}{13\ 850}=1.5$

财务杠杆系数 $=\dfrac{13\ 850}{13\ 850-450}=1.03$

总杠杆系数 $=1.5\times 1.03=1.55$

（6）息税前利润增长率 $=1.5\times 10\%=15\%$。

二、综合题

1. （1）2012 年年末权益乘数 = 1 965 ÷ 1 080 = 1.82。

（2）2012 年总资产周转率 = 2 000 ÷ [(1 837.5 + 1 965)/2] = 1.05（次）。

（3）净资产收益率 = 150 ÷ [(1 072.5 + 1 080)/2] = 13.94%

息税前利润 = 营业利润 + 利息费用 = 200 + 20 = 220（万元）

总资产报酬率 = 220 ÷ [(1 837.5 + 1 965)/2] = 11.57%。

（4）该公司 2013 年经营杠杆系数、财务杠杆系数和总杠杆系数：

固定经营成本费用 = 三项期间费用合计 - 利息费用 = 200 - 20 = 180（万元）

经营杠杆系数 = (220 + 180) ÷ 220 = 1.82

财务杠杆系数 = 220 ÷ (220 - 20) = 1.1

总杠杆系数 = 1.82 × 1.1 = 2.0。

（5）该股票的资本成本：

①按照股利增长模型法：

$$普通股资本成本 = \frac{0.2 \times (1 + 4\%)}{18} + 4\% = 5.16\%$$

②按照资本资产定价模型法：

普通股资本成本 = 2% + 1.2 × (12% - 2%) = 14%。

（6）每股收益 = 150 ÷ 100 = 1.5（元）

市盈率 = 18 ÷ 1.5 = 12

每股净资产 = 1 080 ÷ 100 = 10.8（元）。

2. （1）资产总额 = 权益乘数 × 股东权益 = 2 × 400 = 800（万元）

负债总额 = 资产总额 - 股东权益 = 800 - 400 = 400（万元）。

（2）息税前利润 = 销售单价 × 销售量 - 单位变动成本 × 销售量 - 固定成本

= 10 × 100 - 6 × 100 - 200 = 200（万元）

利息 = 400 × 8% = 32（万元）

净利润 = (息税前利润 - 利息) × (1 - 所得税税率)

= (200 - 32) × (1 - 25%) = 126（万元）

股利支付率 = 60 ÷ 126 = 47.62%。

（3）2012 年年末的每股股利 = 60 ÷ 40 = 1.5（元）

$$①股利增长模型法：普通股资本成本 = \frac{1.5 \times (1 + 22.85\%)}{10} + 22.85\% = 41.28\%$$

②资本资产定价模型法：普通股资本成本 = 6% + 2.5 × (14% - 6%) = 26%。

（4）该公司 2013 年的经营杠杆系数 = (息税前利润 + 固定成本)/息税前利润

= (200 + 200)/200 = 2

该公司 2013 年的财务杠杆系数 = 息税前利润/(息税前利润 - 利息)

= 200/(200 - 32) = 1.19。

$$（5）债券资本成本 = \frac{90 \times 10\% \times (1 - 25\%)}{91.94 - 1.94} = 7.5\%。$$

三、案例分析

(一)

1. 计算该公司上年和本年的权益净利率并确定本年较上年的总差异。

(1) 上年权益净利率 = 206 430/[(320 910 + 1 629 100)/2]
= 206 430/975 005
= 21.17%

(2) 本年权益净利率 = 224 700/[(1 629 100 + 1 843 200)/2]
= 224 700/1 736 150
= 12.94%

(3) 权益净利率本年较上年总差异 = 12.94% − 21.17% = −8.23%

计算结果表明本年较上年权益净利率下降了 8.23%。

2. 对权益净利率的总差异进行总资产净利率和权益乘数两因素分析，并确定各因素变动对总差异影响的份额。

①上年权益净利率 = 上年总资产净利率 × 上年权益乘数
= 206 430/[(247 130 + 2 209 200)/2]
× [(747 310 + 2 209 200)/2]/975 000
= (2 063 400/1 478 255) × (1 478 255/975 005)
= 13.96% × 1.5162 = 21.17%

②本年权益净利率 = 本年总资产净利率 × 本年权益乘数
= 224 700/[(2 209 200 + 2 531 500)/2] × [(2 209 200
+ 2 531 500)/2]/1 736 150 = (224 700/2 370 350)
× (2 370 350/1 736 150) = 9.48% × 1.3653 = 12.94%

③由于总资产净利率变动对权益净利率的影响
= (9.48% − 13.96%) × 1.5162 = −6.8%

④由于权益乘数变动的权益净利率的影响
= 9.48% × (1.3653 − 1.5162) = −1.43%

3. 对总资产净利率的总差异进行营业净利率和总资产周转率的两因素分析，确定各因素变动对总资产净利率的总差异的影响份额。

(1) 上年总资产净利率 = 上年营业净利率 × 上年总资产周转率
= (206 430/948 800) × (948 800/1 478 255)
= 21.75% × 0.6418 = 13.96%

(2) 本年总资产净利率 = 本年营业净利率 × 本年总资产周转率
= (224 700/989 700) × (989 700/2 370 350)
= 22.7038% × 0.4175 = 9.84%

(3) 总资产净利率本年较上年总差异 = 9.48% − 13.96% = −4.48%

(4) 营业净利率变动对总差异的影响
= (22.7038% − 21.7879%) × 0.6418 = 0.608%

（5）总资产周转率变动对总差异的影响

=22.7038%×(0.4175－0.6418)=－5.09%

4. 对两年营业净利率的变动总差异进行构成比率分析，找出各构成比率变动对总差异的影响份额。

（1）本年较上年营业净利率总差异=22.7038%－21.757%=0.947%

（2）由于营业成本的变动影响=(39 100/948 800)－(420 500/989 700)

=41.2099%－42.4878%=－1.2777%

（3）由于营业费用率变动影响=(52 700/948 800)－(43 500/989 700)

=5.5544%－4.3953%=1.1591%

（4）由于产品营业税金变动影响=(9 960/948 800)－(89 000/989 700)

=10.4975%－8.9926%=1.5049%

（5）由于营业管理费用率变动影响=(107 000/948 800)－(97 200/989 700)

=11.2774%－9.8212%=1.4562%

（6）由于营业财务费用率变动影响=(3 600/948 800)－(18 500/989 700)

=0.3794%－1.8693%=－1.4899%

（7）由于营业所得税金率变动影响=(88 470/948 800)－(96 300/989 700)

=9.3244%－9.7302%=－0.4058%

（8）汇总差异=(－1.2777%)+1.1591%+1.5049%+1.4562%

+(－1.4899%)+(－0.4058%)=0.947%

5. 通过上述分析可知，该公司的权益净利率本年较上年减少了8.23%，影响此总差异的直接原因主要有总资产净利率和权益乘数，计算结果表明，此两种因素从总体看均为不利因素，其中总资产净利率下降影响份额为6.8%，权益乘数下降影响份额为1.43%。对于权益乘数下降所引起的对权益净利率影响，今后可考虑适当增加负债，利用财务杠杆来改善权益乘数，以提高权益净利率。引起总资产净利率下降的主要原因是总资产周转率的降低，对于这个不利因素，今后要通过强化企业管理，优化资源管理，缩短生产经营周期，以加强资金周转来解决。在总资产净利率下降这个不利因素中也有积极的一面，即营业净利率提高的积极影响被总资产周转率下降所产生的消极影响所掩盖。营业净利润的上升总体来看，是积极因素，引起其上升的有利因素主要有三个：营业费用率下降，营业税金率下降和管理费用下降。但是也应该注意，在营业上升的积极因素中，也包含了三个不利因素，即营业成本率、财务费用率和营业所得税金率的升高，只是这三个因素的升高对营业净利率的负影响被前三个有利因素的正影响所抵消。由于税金因素是客观因素，企业主要是适应，所以提高营业净利率，企业主要应从其他四个方面挖掘潜力，具体建议是：继续巩固和扩展营业费用率和管理费用率降低的成果，今后的工作重点应放在狠抓营业成本率的降低上。至于财务费用率的上升问题，应把它与利用财务杠杆引起的营业净利率的提高加以对比才能做出正确的判断。

（二）第一步，取四项数据，算一项指标：

销售收入、资产总额、所有者权益、净利润——净资产收益率（见表10－13）

表 10－13　　净资产收益率计算表

项　目	销售收入	资产总额	股东权益	净利润	净资产收益率
2001 年	71 100	241 905	132 346	8 852	6.69%
2002 年	67 746	234 572	138 798	5 098	3.67%
±%	－4.72%	－3.03%	4.88%	－42.41%	－45.14%

第二步，计算各项因素变动的影响：

（1）差额分析法：计算各因素变动对净资产收益率的影响（见表 10－14）。

表 10－14　　各因素变动差额

项　目	销售净利率	资产周转率	权益乘数
2001 年	8 852/71 100＝12.4501%	71 100/241 905＝0.2939	241 905/132 346＝1.8278
2002 年	5 098/67 746＝7.5252%	67 746/234 572＝0.2888	234 572/138 798＝1.6900
差额	7.5252%－12.4501%＝－4.9248%	0.2888－0.2939＝－0.0051	1.69－1.8278＝－0.1378

2001 年净资产收益率：12.4501%×0.2939×1.8278＝6.69%

2002 年净资产收益率：7.5252%×0.2888×1.69＝3.67%

净资产收益率变动：3.67%－6.69%＝－3.02%

（2）计算各因素变动对净利润的影响。

①计算各因素变动对净资产收益率的变动影响（见表 10－15）。

表 10－15　　各因素变动对净资产收益率的变动影响

项　　目	计　　算
销售净利率变动影响	（7.5252%－12.4501%）×0.2939×1.8278＝－2.65%
资产周转率变动影响	7.5252%×（0.2888－0.2939）×1.8278＝－0.07%
权益乘数变动影响	7.5252%×0.2888×（1.6900－1.8278）＝－0.30%

三个因素共同影响：－2.65%－0.07%－0.30%＝－3.02%

②计算各因素对净利润的影响（见表 10－16）。

表 10－16　　各因素变动对净利润的变动影响　　单位：万元

项　　目	计　　算
销售净利率变动影响	138 798×（－2.65%）＝－3 678.15
资产周转率变动影响	138 798×（－0.07%）＝－97.16
权益乘数变动影响	138 798×（－0.30%）＝－416.39

达到上年净资产收益率可获净利：138 798×6.69%＝9 285.59（万元）

实际获得净利：5 098（万元）

差距：5 098－9 285.59＝－4 187.59（万元）

三个因素共同影响：－3 678.15－97.16－416.39＝－4 191.7（万元）

第三步，分析净资产收益率下降的原因：

主要原因：销售的获利能力在下降。

影响销售获利能力的因素是：

(1) 销售下降：产品缺乏竞争力、新产品未开发。

(2) 毛利率下降：16.55%→14.13%。

2001 年毛利率：(71 100 - 59 332)/71 100 = 16.55%

2002 年毛利率：(67 746 - 58 173)/67 746 = 14.13%

可能原因：①企业所经营的产品面临着不断增强的市场竞争压力。市场竞争压力的增强，可能是由于市场上进入了新的竞争者，或者是由于现有的市场中已经出现了供过于求的情况，从而使得企业被迫采取降价的措施。

②企业主动采取的营销行为。有时，企业为了扩大市场份额、打压竞争对手而采取主动降价的策略，从而导致毛利率的下降。

③企业的产品已经进入“夕阳”期，出现不可逆转的价格下降。如果属于这种情况，则说明企业将进入产品整体更新换代的发展时期。

(3) 营业费用上升，说明产品销售难度增加。

(4) 投资收益与投资收益率下降：9.85%→3.01%

2001 年投资收益率：2 011/20 417 = 9.85%

2002 年投资收益率：559/18 597 = 3.01%

说明投资方向有问题，并且是公司的主要问题。

(5) 补贴收入减少，是国家的政策导向。

第四步，分析公司的偿债能力：

(1) 偿债能力指标分析。

2002 年偿债能力指标：①流动比率：149 958/64 063 = 2.34

②速动比率(149 958 - 13 503)/64 063 = 2.13

③资产负债率：86 715/234 572 = 36.97%

上述指标均说明公司偿债能力良好。

注意：这些指标均说明公司过去的财务状况，不说明未来发展趋势；尚未考虑获利能力对偿还债务的保障程度。

(2) 获利能力对偿还债务保障程度的指标。

①利息保障倍数：(6 059 + 2 580)/2 580 = 3.35

②总资产报酬率：(6 056 + 2 580)/234 572 = 3.68%

总资产报酬率 3.68% < 一年期借款利率 5.58%

说明企业不能借款，否则会发生财务杠杆损失。

财务杠杆：是指由于固定性财务费用的存在，使企业 EBIT 的微量变化所引起的 EPS 大幅度变动的现象。也就是在银行借款规模和利率水平确定时，其负担的利息水平固定不变，这样，企业盈利水平越高，扣除债权人拿走某一固定利息之后，投资者得到的回报也就越多。相反，企业盈利水平越低，债权人照样拿走某一固定的利息，剩余给投资者的回报也就越少。当盈利水平低于利率水平的情况下，投资者不但得不到回报，甚至还会造成损失。

由于利息是固定的，因此，举债具有财务杠杆效应。而财务杠杆效应是一把“双刃剑”，既可以给企业带来正面、积极的影响，也可以带来负面、消极的影响。其前提是：总资产报酬率是否大于利率水平。

第五步：分析结果：

属于业务下降的企业：（1）主营业务呈下降趋势，这是一个不良预兆。

（2）长期投资收益率快速下降。

2001 年 9.85%，2002 年下降至 3.01%。说明公司应收缩投资战线，不应盲目扩张。

（3）总资产报酬率低下，已低于一年期贷款利率。

2001 年：（10 898 + 1 478）/241 905 = 5.12%

2002 年：（6 056 + 2 580）/234 572 = 3.68%

一年期贷款基准利率 5.58%，说明公司不能借款，借款越多损失越大。

第六步：正确取向：

（1）抓好主业，实施产品创新。主业滑坡，产品缺乏竞争力，应发展主业，实施产品创新，使公司产生新的利润增长点。

（2）收缩投资规模。投资效益快速下降，应遏止投资冲动，采取收缩投资，紧缩战线策略；公司重点必须从资本经营转到产品经营。

（3）财务预警信号。公司不能借款，必须降低负债；若增加负债则增加财务杠杆风险（归还借款）。公司不能担保——定时炸弹。保持与公司发展相适应的资本结构。

第七步：应采取的发展取向：

（1）抓好主业。

（2）收缩投资规模。

（3）归还借款。

第八步：实际的发展取向：

福布斯中国内地富豪榜排名从第 45 位下降到第 77 位；其思路为：扩大投资、增加借款、相互担保。

（1）扩大投资规模。2003 年年末长期投资 5.12 亿；2002 年为 1.86 亿；2003 年年末固定资产 8.19 亿；2002 年为 2.23 亿。在全国二十多个城市，建立了 27 个软件区（跑马圈地，象搞房地产）占地 1.2 万亩；在全国招聘 5 000 名软件工程师。2003 年 7 月 8 日，在上海南汇投资 10 亿元，占地 1 500 亩（100 万平方米）；7 月 22 日在距上海 85 公里的浙江嘉善斥资 100 亿元，建总面积 3 平方公里的信息产业园。

（2）增加借款（相互担保）。2003 年年末流动负债 12.77 亿；2002 年为 6.41 亿；2003 年年末长期借款 2.79 亿；2002 年为 1.16 亿。

（3）不抓主业。主营收入大幅下降。2003 年年主营收入 2.13 亿；2002 年 6.77 亿。从而导致：

2003 年净利 －3.89 亿；2002 年为 0.51 亿；

2003 年每股收益 －1.68 元；2002 年为 0.22 元；

2003 年资产负债率 58.46%；2002 年为 36.97%。

2004 年 9 月月末（第三季度财报）：负债总额 20.38 亿元，其中：担保损失及未决诉讼的预计负债 6.57 亿元；净资产 3.44 亿元，资产总额 24.36 亿元，资产负债率

83.66%；净利 -7.02 亿元，每股收益 -3.03 元；股价：从最高的 48.18 元，下降到 1.58 元（2004 年 10 月 29 日）；涉诉金额 18.15 亿元。该公司应破产偿债。

第九步：经验与教训：

（1）企业扩张切忌贪婪无度，并非速度越快越好。企业特别是产品有一定知名度和竞争力的企业，都企图通过扩大市场覆盖面而尽快提高规模效益。但扩张一定要选好项目，找准关键，量力而行。因为市场扩大对企业发展是机遇，同时也是失去优势的危险所在，扩张过速，其管理、技术、经验等都跟不上。产品销售市场并非越大越好，而是要掌握一个“度”，保持与自己的优势相适应，这样才能始终掌握市场的主动权。

（2）企业扩张一定要注意资本金的积累。过度扩张，其资本金不可能积累很快，主要是靠债务，这就使企业处在一种高财务风险基础下运作，因而就会陷入债务危机。举债经营对企业的影响是双方面的，其基本前提是总资产报酬率能否大于借款利率。

（3）保持核心竞争力。有规模并不等于一定有效益。一个企业的大小应取决于企业核心竞争能力大小的要求，只有拥有核心竞争能力，才能将企业做得更好。没有核心竞争能力的企业，一味追求企业规模的扩大，其结果只能是积重难返，从而陷入财务困境。